The book of

gen qu

「マトリョーシカはだれ」

POEM BY GENQUI NUMATA

マトリョーシカは誰でしょう
マトリョーシカはロシアの娘《こ》
マトリョーシカはどこにでもいる女の子

マトリョーシカにはお母さんがいる
マトリョーシカのお母さんはマトリョーママ
マトリョーシカにはおばぁさんがいる
マトリョーシカのおばぁさんはマトリョーバーバ

マトリョーシカは幸せな女の子
マトリョーシカもやがてお母さんになる
マトリョーシカはお母さんになってもっと幸せになる
マトリョーシカもやがておばぁさんになる
マトリョーシカはおばぁさんになってうんと幸せになる

だからマトリョーシカはお祈りをする
だからマトリョーシカはお願いごとをする
マトリョーシカ人形の一等最後の娘《こ》に魔法の言葉を云う
「まとりょーしかまとりょーしかまとりょーしか
ずっとずっと幸せが続きますように」ってね

マトリョーシカにはマトリョーッ娘《こ》がいる
マトリョーッ娘《こ》の中にはマトリョー孫がいる
マトリョー孫の中にはマトリョーひ孫
マトリョーひいおばぁちゃんからマトリョーひ孫まで
ずっとずっと願いごとを伝えてきた乙女のお人形

マトリョーシカには過去と未来がつまってる
マトリョーシカには思い出と希望がつまってる
マトリョーシカはどこにでもあるお人形
マトリョーシカはどこにでもいる女の子
マトリョーシカはひとりの少女であって
いつでも幸せな未来のお母さんです

マトリョーシカはどこにでもいる女の子
マトリョーシカはどこにでもいる女の子
マトリョーシカはどこにでもいる女の子

The book of matryoshka

マトリョーシカ大図鑑

あなたへ
from Genqui Numata

写真・文 沼田元氣

genquinumata

二見書房

マイナーノートは大図鑑

岩波文庫 阪田寛夫

The book of matryoshka

マトリョーシカ大図鑑

写真・文

沼田元氣

genqui numata

どこの国でも、お人形は少女たちのよき伴侶。
ロシアではマトリョーシカで遊んだ子は、よい家庭を作れると云う

まえがき

可愛いを超えたマトリョーシカ

『本当に美しい人は誰か……』

皆さんはマトリョーシカがお好きですか？　「ハイ」と云う人、「ええ、もちろん！」と云って、瞳をキラキラさせている人、ウンウンうなずいている人たちが、たくさんいらっしゃいます。では何故、この、ロシアのお人形は、こんなに可愛らしくて、人気者なんでしょうね。

本来お人形というものは、可愛いものです。長い歴史の中、様々な国の人々が、何代にもわたって、愛らしさをあたえる為に作ってきたのがお人形ですから、あらゆるお人形は、人間の一番可愛らしくって、魅力的な部分をモデルにしたものです。そう、だから可愛いくて当たり前なのですが……。

私はつくづく、マトリョーシカを眺め、中からひとつずつ人形を出しながら、可愛いの原点について考えてみました。

「少女は可愛い」、同じように、「おばぁちゃんも可愛い」、共に、この可愛らしさを木の人形に表現したのが、マトリョーシ

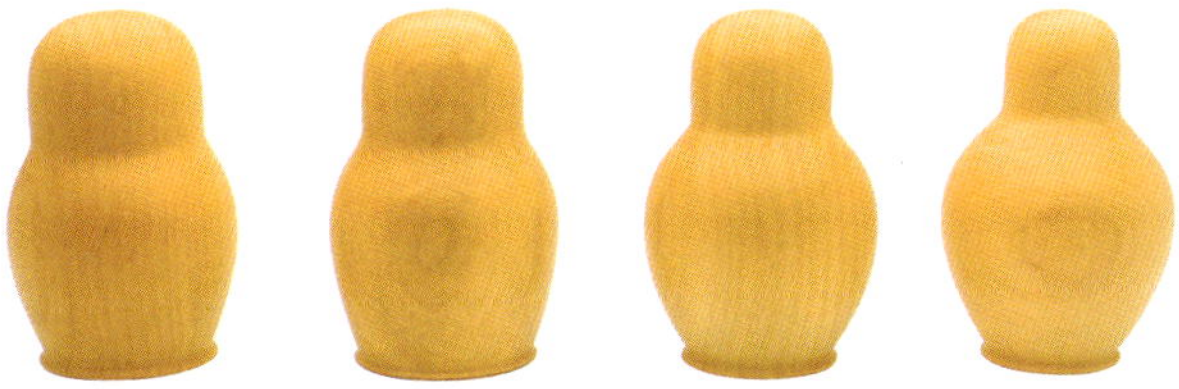

マトリョーシカの様々な木型フォルム。
頭の大きさと胴体のバランスを轆轤によって調整していく

マトリョーシカが生まれる以前の人形は綿の入った布や、
スプーンにプラトークを巻き付けたものだった

カではないだろうかと。

又、何でも肯定してしまう「カワイイ」という日本人の美意識が、世界共通の、大きな価値観となり、女性が「カワイイ」を極めると、少女からおばぁちゃんに至るまで永遠の「乙女」に到達するのではないかと思うのです。

それにしても、このマトリョーシカというお人形は、なんて不思議な形なんでしょう。洋梨の様であり、ひょうたんの様であり、柔らかな曲線のフォルムは、何とも優しくて、和みます。本当に上手な轆轤《ろくろ》師が木地挽きしたマトリョーシカは、目鼻が無くても、胴文様が無くても、白木のままで美しいオブジェです。

では、そこに描かれているモチーフはどうでしょう。これらマトリョーシカのモデルは、ほとんどが女性です。伝統的には、男性のマトリョーシカはあまり見たことがありません。アダムより子を産むイヴの方が人気があるのは、入れ子式が、子を産むお母さんの象徴だからでしょうか。

ロシアの女性、特に中高年の女性は、マトリョーシカに似ていると思いませんか。人形というものが人間の魅力を形にしたものであれば、マトリョーシカは、ロシア人にとって理想の女性であるハズです。

おばぁちゃんの可愛らしさは
何でも許される可愛らしさ

「美人」の基準は、国や民族、時代によって変わるものですが、太古の昔から変わらない「美」があります。それは、強いという美しさです。競争や、戦争に勝つ強さではありません。生きる強さです、生命力です。そのような美しさがマトリョーシカには表現されているのです。

子を産むことがお母さんの美しさと云われれば、まさに強くて優しいという美しさです。又、産むばかりでなく、育てるということも、実にドラマチックな美しさでしょう。それはどんな民族にも共通する、太古の昔から変わらない美しさなのです。そんな絶対的な美しさは、可愛いを超えた、あるいは極めた理想の「美」なのです。

もひとつ、このまるっこい両手のひらに入る様なほっこりした形から感じる「美」として、「和み」「安らぎ」「憩」といった「安心」できる美しさがあります。「安心」できて「優しく」「強く」あるのならばこれはもう最強の「美」であり、その原点は、まさに、お母さんやおばぁちゃんの美しさではないでしょうか。そうして、これは人間が本来求めてやまない家族の幸福という美しさに行き当たります。

客観的に見ると家族というのは、美しい以前に、実に可愛い

少女時代、物を見て可愛らしいと思うのは
自分の鏡として見ているのだ

マトリョーシカ作家が作ったこけし。
家族と四季が描かれている（ナタリア・バローニャ作）

ものです。ひいおばぁちゃん、ひいおじぃちゃん、おばぁちゃん、おじぃちゃん、お母さん、お父さん、その子どもたちと、そのまた孫たちが、同じ様な顔をして一緒にいるだけで、微笑ましくて可愛らしいものです。そして、家族というものは、美しいだけでなく、ユーモアがあります。「ユーモア！」。これは、人生にとても必要なものです。人生は強くて美しくあるべきだけでなく、面白かったり、やがて悲しいものでもあるのです。ですからそっくりな顔の家族が一緒にいる姿を見ると、不思議だなあ、面白いなあ、と思わず笑ってしまうことがあるでしょう。又、何かが何かに似ていることを発見しただけで、何だかとても嬉しくて幸せな気持ちになったりしませんか？

マトリョーシカは、そうした人間の、可愛らしさ、面白さ、切なさ、愛おしさを、表しています。ですから、同じ顔をした人形が、次から次へと出てきたら、なんて可愛らしいのだろうと思うのは、やっぱり当然のことなのです。

もしあなたがマトリョーシカを見て「カワイイ！」と感じたなら、人間が本来持っている素晴らしい何かを感じたのでしょう。マトリョーシカは、そのことをあなたと共に愉しむお人形なのですから。

まえがき …… 二
歴史物語 …… 八
図解説明 …… 一六
産地・系統・工場見学 …… 二〇
ハウ ツウ メイク マトリョーシカ …… 二四
産地系統①セルギエフ・ポサード系 …… 三一
産地系統②セミョーノフ系 …… 四三
産地系統③ポポロフメイデン系 …… 五五
産地系統④キーロフ系 …… 六五
産地系統⑤ノーリンスク系 …… 七七
産地系統⑥共和国系 …… 八七
産地外系統⑦アーティスト系 …… 九九
産地外系統⑧スーベニイル系 …… 一一三
産地外系統⑨マトリョーシカグッズ …… 一二五
買い方・集め方・可愛いがり方 …… 一三二
マトリョーシカのモデル …… 一三六
あとがき …… 一四〇

The book of matryoshka

マトリョーシカ大図鑑

写真・文　沼田元氣

genqui numata

箱根の塔ノ沢にあった 1880 年頃建てられた、ロシア正教会の避暑館（左）と聖堂（右）

歴史物語

魅力あるものには、必ずその背後に素敵な物語があるものです。何故、マトリョーシカが、こんなに魅力的で可愛らしいのか。皆さんは、その背後にあるストーリーを知るとますます好きになるでしょうし、その歴史的ルーツを聞いたら、ビックリもし、嬉しくもなり、どうしてこんなに好きになっちゃったかがわかるでしょうね。では、マトリョーシカが日本のこけしを元に作られたと云ったらどうでしょう。そんな馬鹿な、と思う人もいるかもしれませんが、たいていの人は、なるほど、だから親しみを感じるのかと納得することでしょう。

又、マトリョーシカが世界中で、こんなにも知られているのに、誕生してまだ百年しか経っていないことは、あまり知られていません。ロシア民芸の歴史は、木彫、彫金、陶芸、象嵌《ぞうがん》細工等、皆千年もの歴史があるのに、マトリョーシカがたった百年しか経っていないというのは、不思議ではありませんか。これはきっと歴史の途中で、商売人か、アイデアマンか、アーティストか、誰かがどこからかそのアイデアを突然持ち込んだものだと思うのは理の当然でしょう。

轆轤職人・ズビョードチキン

初めて日本から持ち込まれたと云う組子式七福神こけし。
ロシアでは一般的に「FUKURUMA」と呼んでいるが、たぶん福禄寿のなまったもの。
本来７個組（セルギエフ・ポサード美術教育玩具博物館蔵）

時は一八九〇年代（明治四〇年頃）、箱根の塔ノ沢に、ロシア正教の避暑館がありました。箱根の民芸品の、入れ子のこけし（組子だるま、あるいは組子式七福神こけし）を、避暑館に来ていたロシア人が持ち帰り、それがマトリョーシカの元になったと云う説があるのです。当時モスクワには、マーモントフと云う貴族がいました。夫のサッヴァ・マーモントフは鉄道王、妻のエリザベーテは、民芸品に造詣が深く、芸術家を支援するパトロン気質でした。

彼らは、モスクワから五〇キロ程離れたアブラムツェヴォに鉄道を敷き、民芸作家たちが集まる芸術家のコミューンを作ることを思い立ち、実現しました。そこの指導者的存在であった画家のマリューチンと、木彫家で轆轤《ろくろ》師のズビョードチキンを、サッヴァの兄弟アナトリア・マーモントフが後に設立する玩具教育美術学校になるモスクワのアトリエ（現在、マトリョーシカ博物館の隣の建物）に呼び、日本から持ち込まれた七福神を元に、マトリョーシカが作られたと云うのです。

残念ながら、第一号マトリョーシカは残っていませんが、そのサンプルを改良した、いくつ目かの歴史的マトリョーシカは、当時持ち込まれた七福神こけし「FUKURUMA」（福禄寿《ふくろくじゅ》がロ

20 世紀初頭。セルギエフ・ポサード RKKA（農民赤軍）の 工房

20世紀初頭セルギエフ・ポサードで最初に大量生産をした工房

シアでなまったものと思われる）と共に、セルギエフ・ポサードの美術教育玩具博物館に収蔵されています。

その後、一九〇〇年のパリの万博に出品すると、たちまち評判を得、フランスをはじめ、各国から数多くの註文を受けるようになりました。それがロシアの民芸運動の大きな刺激と原動力となり、ロシアで最初のマトリョーシカの量産がセルギエフ・ポサードで、始まりました。ロシアの産業は、ヴォルガ川によって広がったと云われる様に、民芸品受註の好景気は、モスクワから、ニジニノヴゴロド州のセミョーノフ、メイデン、キーロフ、ノーリンスクといった木の産地に伝わっていきました。

しかしながら、ロシア人の中には、もう一つの説を唱える人がいます。それは、ロシア正教に古くからある木製のイースターエッッグを作る轆轤《ろくろ》技術がマトリョーシカに発展したというものです。ロシア人は、ソビエト時代から、自分たちは独自の文化を、自分たちの手で作り上げてきた優秀な民族であるという強い自負と愛国心によって、その様に考える人も少なくないのです。確かに、伝統的産地であるセルギエフ・ポサードは、ロシア最大のロシア正教の聖地であり、木の職人たちがイコンを作り、イースターエッグを作り、マトリョーシカも作っています。

1900年パリの万博に出品した、ロシアで現存する最も古いマトリョーシカ。
ウッドバーニングの手法で黒いニワトリが描かれた、農民の家族である。
（セルギエフ・ポサード美術教育玩具博物館蔵）

セルギエフ・ポサードにある
美術教育玩具博物館

ところが、イースターエッグの入れ子細工というのは、ほとんど見たことがありませんし、描かれるものは、あくまでイコンであって、農民の女の子ではないのです。もし共通点があるとすれば、最初に作られたとされるマトリョーシカが、ニワトリを抱いていたこと。ニワトリは子を産む象徴であり、たまごと同様、子孫繁栄のシンボルなのです。

さて、この「マトリョーシカ」という名前ですが、革命前に、ロシアで流行した典型的な女の子の名前でした。「シカ」というのは、名前の愛称形でマトリョーナ「ちゃん」という意味です。一説にはマリューチン画伯のモデルになった少女の名前であったとか……、ロシア語のＭＡＴЬ（マーチ）＝ＭＯＴＨＥＲが、マトリョーナに変化し、子孫繁栄のシンボルとして、名付けられたのだとも云われています。

しかし又、日本からやって来た老人の神様が、どうしてロシアの可愛らしい農民の少女になったのでしょう。思うに、どんなクリエイティブな芸術家でも、発想の原点はあるものです。何かにヒントやインスピレーションを得た芸術家なら誰しも、自分なりのオリジナリティを加えたい、何かしら、その時代のその人にしかできない、独自の作品として作りたいと思うものです。

こちらもロシア最古のマトリョーシカと云われている、同じ様にニワトリを抱いたウッドバーニングマトリョーシカ（ロシア国立歴史博物館蔵）

モスクワにある、ロシア国立歴史博物館

もしマーモントフが普通の貴族なら、自らの環境から、農民ではなく貴族の家族を木の人形にしたいとも考えたかもしれませんし、軍人だったら、木の人形で軍隊を組織したかもしれません。しかし、パトロンである婦人は平和主義で、しかも、貴族趣味的な宮廷絵画には興味を持たず、民衆から生まれた泥臭い民芸というものを好んだ為、農家のお母さんを描いて欲しいと、指示したのかもしれません。又、当時ロシアのインテリ層やリベラルは、使用人は奴隷ではなく平等な人間であり、ある意味、農民階級への評価や民芸の発掘は一種の流行でもあったのです。それらはツェルゲーネフやトルストイの小説にも描かれています。

この様に、マトリョーシカの歴史は、およそ百年の短い間に、ロシア全土に広がっていきました。十九世紀末から、一九一七年の革命を経て、ソビエト時代も、ずっと作り続けられましたが、そのシステムや絵柄においては、決して自由ではありませんでした。しかし、同じデザインのマトリョーシカが、ずっと作り続けられていたからこそ伝統は守られ、今日に至っているのです。

そして一九八〇年代後半。第二の革命、ペレストロイカが起

モスクワ最大の蚤の市、ベルニサージュ入り口

ベルニサージュ店舗マトリョーシカ売場のディスプレイ

こり、マトリョーシカがロシア国内外で、再ブームとなります。市場の開放と共に、モスクワ郊外の自由に物を売る市場ベルニサージュにおいて、ロシアの歴代大統領のマトリョーシカが売られ、ロシアのお土産品として大ヒットしました。

ソビエト時代は、軍事や政治に対して、一般市民がものを云ったり、それを作品として描くことはできませんでした。ところが、『ソ連が市場開放した、表現の自由もある！』というニュースが、マトリョーシカ自らがその発信元となって、世界中に運ばれたのです。

そうして、当時ソビエトにはなかった、自由や憧れの象徴は、次々とマトリョーシ化されました。例えば、ビートルズ四個組。プレスリー、モンロー、自由の女神三個組。野球やアメフト、サッカー選手。ディズニーのキャラクターや、俳優、ミュージシャン等、あらゆる人気者や憧れが、マトリョーシカのモデルとなったのです。

こうして、民芸品としての「オールドマトリョーシカ」が伝統として、各産地に存続し、もう一方で、自由な絵柄や風刺を描いた「ニューウェーブ・マトリョーシカ」が作家たちによってロシア全土で作られ、今日に至っているのです。

組子式七福神こけしコレクション

古くは江戸時代から箱根の名産品として伝統的に作られていた。当時の文献には、入れ子ではなく「組子」とある。その頃、すでに、どこにでもあった、こけしをひと工夫して組子細工にしたことが人気を集めた。その後、木地職人が轆轤技術と共に東北方面に流れ、今でも宮城県遠刈田地方に伝統的に受け継がれている。このページ全て made in Japan

ロシアに渡ったものと、かなり似ているデザインの七福神。
一番上の前垂れ衣装の花は、セルギエフマトのサラファンの花の形と同じ

七福神の木地を使って、村娘たちを描いた。
農民をモデルにしたマトリョーシカと近いテーマ

福禄寿が縁起のいい花と動物たちに囲まれた七福神。
最後の神様は……無の境地？

つい最近まで実際に箱根で売られていた、七福神。
代々作っていたが、1990 年代にやめてしまった。戸澤明夫・作

かなり細密に描かれた伝統的七福神の描彩だが、形はマトリョーシカの様。
遠刈田系の伝統こけし工人小笠原義雄・作

マトリョーシカの類似系・日本の木地人形

頭と胴体がはっきりと分かれているこけしとは、別物の様に思えるが、木を材料にした、伝統こけし工人が作る「だるま／姫だるま」「えじこ／ねまりこ」等はマトリョーシカの姉妹と思える程、良く似ている。これらは、ひとつ入れ子なら「子持ち」、さらに入っていると「孫持ち」と呼ばれる。又、小物入れになったり、中にミニチュアのこまやこけしが入っているものもある。

箱根の現行お土産品組子だるま６個組・4㎝

伝統こけし工人による えじこ と ねまりこ コレクション

ロシアで作られた珍しい入れ子式イースターエッグ（1910 年）

箱根で現在も伝統的に作られている組子式たまご細工。
12 個組や 36 個組もある。田中一幸・作

イースターエッグをモチーフに
作られたしゃれたペン立て（1930 年代）

現在、ロシアでよく見かける
イースターエッグ

イースターエッグコレクション

イースターエッグの歴史は古い。しかしたまごはキリストが誕生する以前の古代エジプトや中国、インド、あらゆる国で信仰の対象とされていた。陶器の様な堅いものから、突然命が誕生することが神秘的で不思議な力があるとされていた。ロシアでは、18 世紀頃から、様々な贈り物用のイースターエッグの制作が始まったが、入れ子式のたまごがマトリョーシカ以前に作られた記録はない。

アールヌーボーの影響のある
花の描かれたイースターエッグ

焼きごてで花がちりばめられた、
民芸調イースターエッグ

イースターエッグに関連したロシアの昔話が
描かれた復刻イースターエッグ

土湯系伝統こけし工人荒川洋一・作。子持ちえじこたこ坊主 6 個入り

左より津軽、鳴子、弥治郎系の姫だるま

津軽系伝統こけし工人によるえじこ。左より阿保六知秀、山谷権三郎、阿保金光・作。

構　造

入れ子は、きつすぎず、ゆるすぎず適度な弾力によって、開け閉めが可能となる。故に材料は菩提樹か白樺がベスト。よくできている入れ子は、中で程よい遊びがある。

マト断面図

シルエット

シルエットの違いは産地の特徴でもあるが、今は描かれるモチーフや作り手の好みによって、形が選ばれている。

くびれをいれて丸くするとロシアのおばぁちゃん体型となる

ずん胴のシリンダー型は七福神に似ている

縁取り描彩

下書きをせず墨色で輪郭線を縁取りし、その中に色を付けていく。顔はプラトークに包まれ丸く描かれる。

黒ペンで縁取りされ、それから彩色される

穴

必ずマトの顔には小さな穴があいている。顔の輪郭を縁取りする為のコンパスの穴である

焼きごて描彩

縁取りをペンや筆で描くのではなく、ウッドバーニング（焼きごて）によって描く手法もある。墨色の縁取りに比べて、一見弱々しいが繊細な表情を描くことができる。中にぬりえする色彩も淡い色が似合う。

ウッドバーニングの線画に、部分的に色を付けていく途中

マトリョーシカの図解説明

マトリョーシカは木のお人形です。人形の胴体を二つに割ると、そこから、同じ形の人形が出てきます。その人形を開けると、更に又同じ形の人形が……といった具合に、いくつ入っているかな、と想像するのもこの人形のお愉しみです。木片が人形になる為には、削ったり、絵を描いたりしなければなりません。ここではそれら形やデザイン等を、ご説明いたしましょう。

髪　型

それぞれの産地や描き手によって異なるが、セミョーノフは伝統的には黒髪、センターパーツ。現在は様々なアレンジが。

セミョーノフは黒髪、右は今風アレンジ

メイデンは渦巻き前髪

表　情

つらい時代を反映して表情が暗かった、ソビエト時代。ペレストロイカ以降お目目パッチリの笑顔が生まれた。

ソビエト時代の表情。されど…

憂いのある笑顔は味わい深い

底　面

個人の作家なら、署名サインを入れるが、工場生産のものは、品番と、トレードマーク。輸出向けシールには「MADE in」。

プラトーク

元々ロシア正教で用いられたスカーフ。髪の毛は特別な力を持っていると云う、いい伝えがあり、それを隠すことから一般的にも広まった。

MADE in と共に工場のマークである可愛いイラストが付いていることもある

渦巻き文様

この文様は、様々な産地で見られるが発祥はセミョーノフ。布を巻いてスタンプの様に押していく。一説には、木の節を隠す為、又、彩色ムラをごまかす為につけ始めた、苦肉の策だと云う。

胴文様／持ち物

歴史的マトは農民の少女がモデルである為、ニワトリや、ブタ、鎌、パン等、暮らしのアイテムが多く、持ち物がない場合は、服の柄として、その地方の花を描くことが多い。

ニワトリは、子を産む象徴として、子孫繁栄のお約束の持ち物

台　座

最初の子のみ、この様に一段出っ張った台座が付いている。この目印によって、何個組でも一番初めの子がわかる。

ウッドバーニングに使用する
電気式焼きごての機械「マイペン」（日本製）

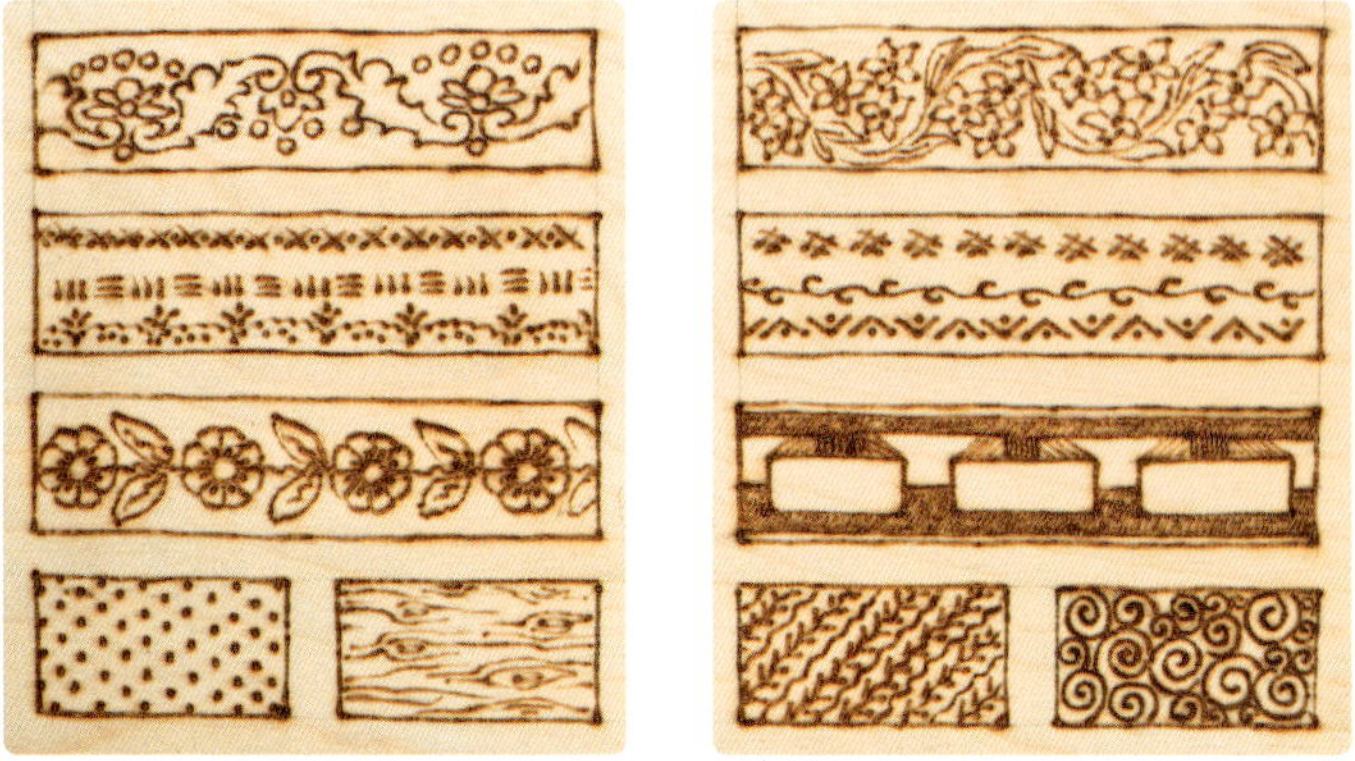

焼きごてによる文様見本。濃く、薄く、太く、細く……
ぼかしたり、塗りつぶしたり、様々なテクニックが無限にある

まず**構造**。マトリョーシカは入れ子式構造になっており、上下が合わさって一ピースとなっています。その中に、同じ構造のひと回り小さいものが入っているのですが、それが段々小さくなって、組数が決まります。通常、スタンダードタイプは、三個組、五個組が多く、次に七個組、十個組と、数を増やす度に木を薄く削る技術の難易度も上がります。

次に**形**。もし、マトリョーシカがルーツとされる七福神の形そのままだったとしたら、その子たちは、シリンダーの様な形になったでしょう。七福神こけしは、頭の形が長い福禄寿が、一番初めのピースなので、その様な形になったのです。

女の子を描く場合は、頭と胴体を描き分ける為、描彩においてはプラトークのひもで区切り、形においては「くびれ」を作ります。この「くびれ」は、産地によって深くなったり、浅くなったりもします。

又、一番目のピースには、台座がついていて、それが、最初の子であることを表します。ですから、十個組の三番目から下をもって、七個組、とはならないのです（ただし、一部の新進産地では、台座を省略することもあります）。

描彩。一番特徴を表すのは、顔とその表情、そして、衣装と

下地ニスを乾かしているところ

水で溶いたでんぷんを、手で塗っていく

持ち物です。マトリョーシカのモデルは、女性であることから、ほとんど皆プラトークをかぶり、ロシアの民族衣装であるサラファンを着ています。持ち物は、その地方で咲いている花だったり、農民の少女ならばニワトリやブタ等、生活のものたちです。

絵付けの材料と道具。最も古い伝統的描彩方法は、ウッドバーニング（焼きごて）によって輪郭を描き、その中に、水彩絵の具を塗っていきます。次に、最も多いのが筆やペンで縁取りをしてぬりえしていく方法があり、その逆に、先に絵の具を面で塗り分け、後で墨色の縁をつけていく方法もあります。昔は、アニリンという染料を使っている産地が多かった（今でもセミョーノフはアニリン）のですが、日焼けや色とびすることから、グワッシュ（不透明水彩）が多く用いられています。下地ニス、仕上げニスは、でんぷんを濃く水で溶いたものを何度も塗ると、プラスチックの様な光沢が出ます。しかも、ハケやスプレーではなく、ほとんどの工場ではその専門職の女工さんが手で塗るのです。又、作家の作る高級なものは、耐水性のある蝋引きで仕上げられます。又、最近では、ニトロエマーリという特殊な塗料があり、下地にニスを塗ることにより、仕上がりがマットニスを塗った様な、上品な光沢に仕上がります。

典型的な伝統セミョーノフ５個組

さて、では誰がどこで、どんな風にマトリョーシカを作っているのでしょうか？　私は、ロシアのマトリョーシカの産地をほぼ全て廻り、産地の特徴と歴史を調査し、いまだかつてロシア人もしたことがなかった、「系統」別にマトリョーシカを分けるということをいたしました。ただし、これは伝統的に作り続けている産地に限るもので、独自に作り始めた作家マト（アーティスト系）や、お土産マト及び、キャラクターマト（スーベニイル系）は、産地外系統としてまとめました。

マトリョーシカの産地はセルギエフ・ポサードを出発点として現在迄に様々な土地にもたらされました。そうしてその地域ごとの、気候風土等が、すがた形に反映され、その土地の伝統となって発展していきました。日本の伝統こけしがそうであるる様に、マトリョーシカを見れば、どこの産地かが、一目でわかるものです。かつては「マトリョーシカ」と云えば、黄色いプラトークに赤いサラファン、薔薇の胴文様のものだと思われていましたが、このマトリョーシカが、一番代表的なものではなく、生産量が多く、ロシアで最も輸出に力を入れていた地域「

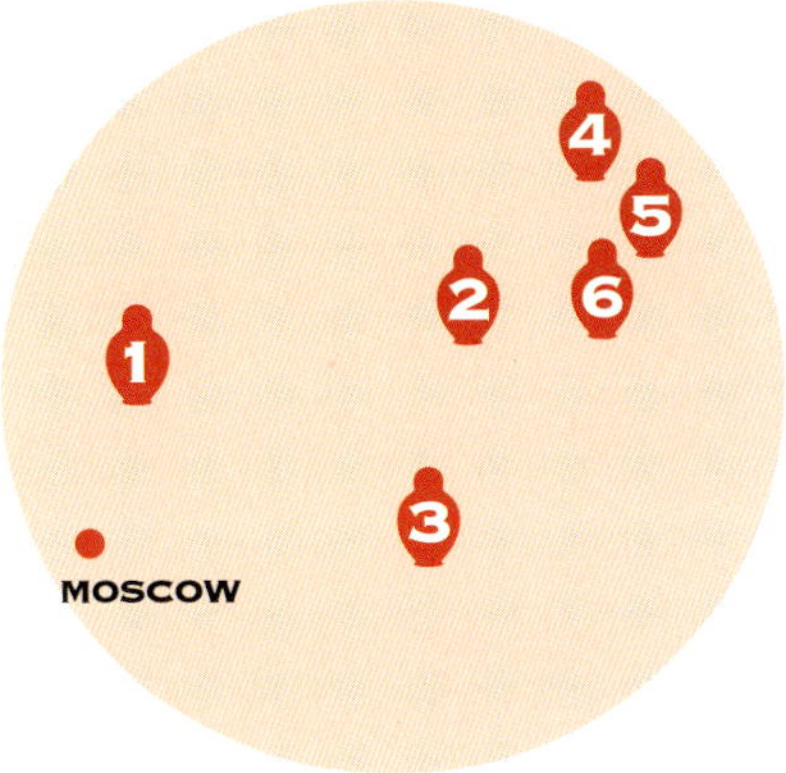

1. セルギエフ・ポサード
2. セミョーノフ
3. ポポロフメイデン
4. キーロフ
5. ノーリンスク
6. 共和国a（マリエル）
6. 共和国b（ベラルーシ）
※旧ソ連より独立

セミョーノフ」のものなのです。

私が知る限り、**伝統的マトリョーシカの産地**は、六ケ所ありそれを伝統**六系統**としました。まずマトリョーシカ生産発祥の地である「セルギエフ・ポサード」、ロシア最大の生産量と、輸出量を誇る「セミョーノフ」、村中がマトリョーシカ作りに従事している謎の村「ポポロフメイデン」、伝説や童話を紙芝居の如く胴文様に描いていく物語マトと麦わら細工マトの「キーロフ」、又、その技術的な影響を受けた麦わら象嵌《ぞうがん》細工の得意な「ノーリンスク」、かつて、ソビエト連邦であった、民族色豊かな「共和国系」の、六つに分類されます。その他、工場や工房にも所属せず、作家として作品を作っている「アーティスト系」や、マト本来の目的であるお土産品として、様々な工夫やテーマ、人気のあるキャラクターを描いた「スーベニイル系」を産地外系統として分類いたしました。

作り方や技術は、それぞれ微妙に違うものの、木を切り出して乾燥させ、轆轤《ろくろ》とかんなで中をくりぬき、大きいものから順にサイズを変えて、入れ子にしていく方法は、どこもほぼ同じです。二つに分かれた上下の一ピースは、一つの木から作られていると思われがちですが、実はそれぞれ違う木を削って合わせ

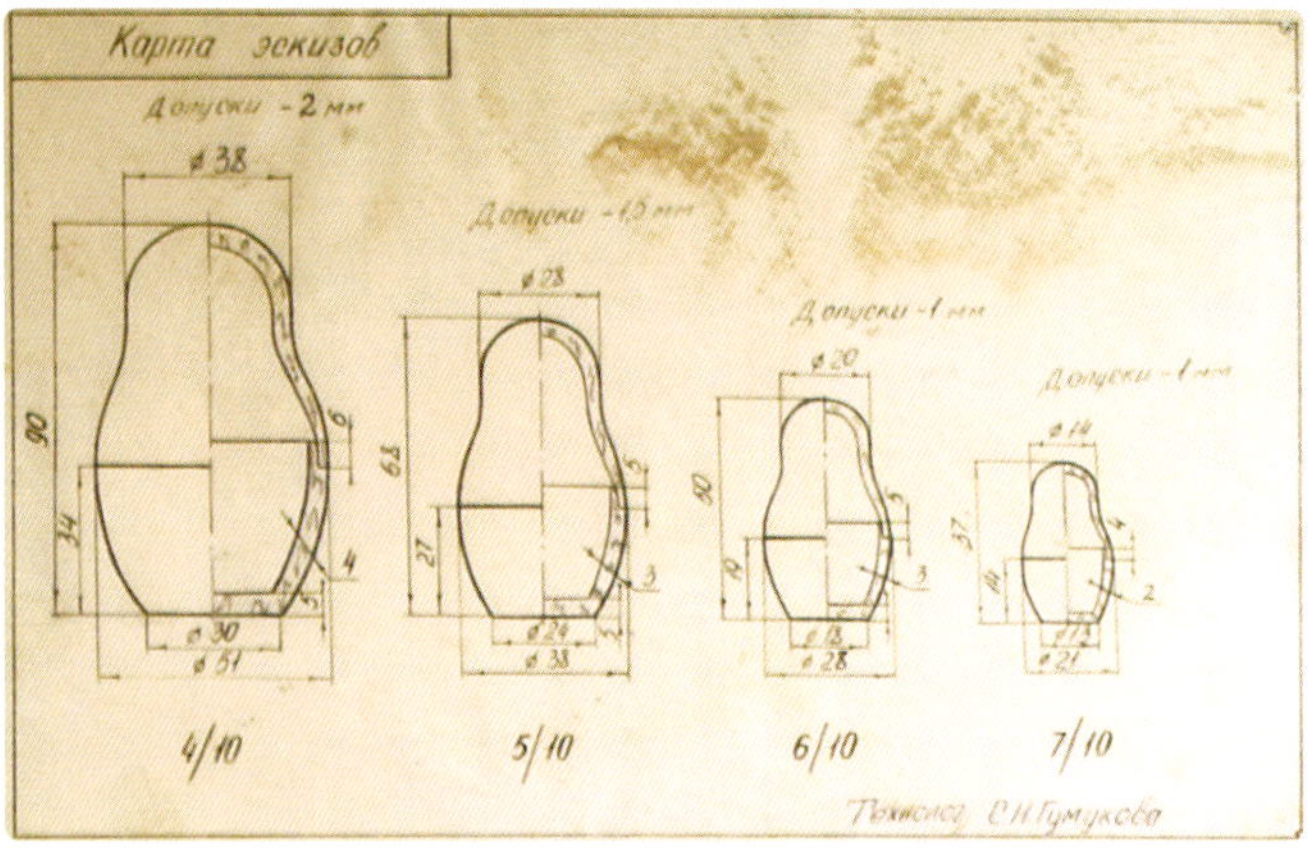

マトリョーシカの㊙断面設計図。品質管理の為、ミリ単位で決められている

若き少年轆轤工

ます。下のピースはよく乾燥させ、上のピースは乾燥させた後、再び水に浸けてあえて湿気を持たせます。上下合わせた時、上のピースが弾力をもってぴったりはまる様になるからです。ここが技術と腕の見せ所で、初めによく乾燥させなければ、完成してからひびが入り、乾燥させすぎると、弾力がなく、ゆるゆるになったり、白木の段階から、木地色が黒くなってしまいます。素材は、地元で採れる木を使い、そのほとんどが白樺か菩提樹です。

轆轤《ろくろ》を挽く職人は、男性が多く、描彩する画家は、ほとんどが女性です。伝統的な工房や、工場で働く女工画家は、皆、決まった時間内に、決まった絵柄を決まった個数作ります。これは、一見、共産主義的で、モダンタイムス的な……機械がやるべきことを、人件費の安い労働力によって行っていると思われがちですが、どんなに決められた絵柄を描いていても、乙女の心は自由ですし、頭の中では、その人の方法で、理想の可愛い顔を描いているのです。つまりは、伝統工芸における手仕事の面白さは、規制の中で、作り手の、隠そうと思っても溢れ出てしまう個性や才能が、にじみ出ることにあるのです。実際作る人とマトリョーシカは似ています。それはあたかも、作者と作品が一

膝こぞうも麗しい少女画家職人

体化した様な面白さです。

どうです？　皆さんも工場見学に行きたくなったでしょう。実は団体旅行が苦手な私が、二〇〇六年よりマトリョーシカの工場見学ツアーを始めました。不思議なことに、集まったお客さんも又、個人旅行や一人旅しかしたことがない、同じ様に団体旅行が苦手な人たちばかりでした。しかし、初めて会った、目的を同じくするマト友だちと共有した時間は本当に楽しいものでした。思うにマトリョーシカ好きは、ひとつの人形の中にたくさんの思いを秘めた、さみしがりやさんなのかもしれませんね。けれども、そんな人程マトリョーシカの魅力を理解する愛情溢れる人かもしれません。私たちは夢の様な時間を共にし、木からマトリョーシカが生まれる瞬間を一緒に見ました。目鼻が付けられ、命が吹き込まれるところは、人間の誕生と同じく、実に感動的です。様々なマトリョーシカを作る工場で、ひとりの画家女工さんに、どんな絵柄のマトリョーシカが好きですか？と尋ねましたところ、「生み出された作品は、皆自分の子どもの様なものであるから、嫌いなマトリョーシカはない」という答えでした。この様に愛情を持って生み出されたマトリョーシカが、皆さんの元へと旅立っていくのです。

matryoshka

How to mak

木を切りだして来たメイデン村のおばぁちゃん。この長い一本道を２本の木をかかえ、３時間かけて運んできたと云う

①木を切りだした後、自然乾燥

②一旦、水を含ませ

⑥かんなで内側の形を削りだし、上下を合わせる

③冷凍庫に運び、機械乾燥

④大きさを揃えて削りだしを待つ

⑤ろくろに取り付け
形を削りだしていく

現在では、ひとつのマトリョーシカをひとりの責任で最初から最後まで仕上げるところが少なくない

⑦描彩。かつての工場生産は、マトリョーシカの大きさによって部分部分のパートに分かれた分業であった。

美しい白木のシルエットに深紅の薔薇の花を絵付けする女工画家。愛と母性を込めて……

СЕРГИЕВ ПОСАД

産地系統① セルギエフ・ポサード系

セルギエフを守る兵士マトリョーシカの復刻ボトルケース（『工芸品とおもちゃ』工場による）

歴史的産地です。この地こそ、マトリョーシカ制作発祥の地であり、今尚、自由な雰囲気で、マトリョーシカ作家たちが、数多く工房を構えている場所なのです。

町は、聖セルギエフによって開かれた寺院と修道院を中心に構成され、寺の門前では、毎日のようにマトリョーシカや、イースターエッグの市場が開かれています。

モスクワから約五〇キロという地の利もあって、ここのマト職人や画家たちは、木地から作る人があまりいません。それは、モスクワのベルニサージュに行けば、自分の好みの木地を簡単に安く手に入れることができるから木地よりも描彩の方に力を入れているのです。

決して田舎ではありませんが、いい意味で、その地方色が残されている静かで穏やかな町です。ここには、ロシアで最も古いマトリョーシカと、そのルーツとされる七福神こけしを展示する「美術教育玩具博物館」があります。

ここセルギエフ・ポサードの特徴は、何と云っても、ウッドバーニング（焼きごて）の線画に、色を塗り分けていく伝統的手法です。

しかし、農民の格好をした歴史的マトリョーシカを作るのは、伝統を守ろうとしている工房の指導者や工場の経営者たちで、個人の作家の多くは、新しい伝統を作ろうと、自由な発想の新型に取り組んでいます。

マトリョーシカを作る家の前には木が無造作に置かれていることが多い。さりげなく材料を乾燥しているのだ

『アオフィスマトリョーシカ』工場

工場入り口には、ネームプレートはなく、50㎝程の半立体マト看板が出迎えてくれる

夏を過ぎると、クリスマスマトの制作に追われる。普段の3倍の職人を雇い大忙し

町のどこからでも見える「トロイツェ・セルギエフ大修道院」

ウッドバーニング方式の描彩が、先に縁取りをしてその中にぬりえしていくやり方に対し、セルギエフの伝統的筆によるグワッシュ（不透明水彩）描彩は色の面を白木地に塗り分けていき、後で墨色の縁取りを描いていくもの。当然、顔は一番最後の真剣勝負となる

町並みは並木道と共にあり、起伏に富んだ土地柄坂道も多い。小高い丘からは美しい寺院風景が見下ろせる

『工芸品とおもちゃ』工場

社長以下、全ての社員がマトリョーシカの絵付けのできる腕利き画家職人である

ウッドバーニングによる、回転扉には、ロシアの玩具と数々の工芸品の絵柄

『セルギエフ・ポサードおもちゃ』工場

社長はマトリョーシカの歴史産地に造詣が深く、セルギエフの伝統を理解し制作指導する

明るくて和やかな雰囲気。工場というより机を並べて共同制作する美術教室の様

夕焼け小焼けで日が暮れる
あたたかいお家には、家族が待っているよ……マト

全員男性の楽隊です。ロシアン・クインテット演奏開始！

赤いプラトークに、時計台のある風景。赤い星はスターリン時代の勝利の象徴

あたたかい部屋でぬくぬくとしている猫。
マトリョーシカの顔も、うとうと眠そう

ふっくらと焼き上がった、美味しそうなパン！　ドーナツはひもを通して持ってます

まつ毛の長い女の子、心ん中に描いているのは猫とネズミの物語。
ネズミは水玉リボンのミニーの様

小さなたまごがオンドリになるまで。民族色豊かなカラーコーディネートです

「赤」はロシア語でクラシィバヤ、「美しい」もクラシィバヤ。
赤いたまごと赤いニワトリで美と生命力ひとりじめ

こちらのニワトリは絢爛豪華！
このニワトリなら「金の卵」を産んでくれそう

道でバッタリ好きな人に会っちゃった……はにかみや乙女。
服のスタイリングがシックで素敵です

セルギエフ・ポサードのもうひとつの伝統。パステルカラーに黒、花は省略して図案化したものをちりばめて。
後ろ姿もとても上品。末っ子まできちんと彩色されています

お母さんの中には３人の子ども。そしてさらに３人の孫たちが！　お母さんはおばぁちゃんになりましたッ

「ガッツポーズ」しているみたいな５人姉妹

この嬉しそうな顔！……恵まれた大地への感謝がみられるマトリョーシカです

今日の収穫、こんなにたくさん！　ベリーやキノコやリンゴを抱えて。最後の子は……？

茶色のチョッキに、緑がフリルの様になったお揃いのエプロンとプラトークがオシャレッ！

８ピースのセルギエフ伝統マト。胴体の色や柄もそれぞれで伝統を守って

シンプルな胴文様、シルエットが
くびれているのはソビエト的

スタンプの様な花文様が愛らしい
スタンダードタイプ

つぶらな瞳がチャームポイントの目目ちゃんマト

色合わせが絶妙。ややくすんだ色合いがビンテージ風

伝統の花柄を華やかにアレンジした新柄マト

トリたちやガラガラ、家族で赤ちゃんをあやしている。誕生祝福マト

男の子のおかっぱ頭の、可愛らしいことと云ったら！　お気に入りの玩具を持って勢揃い

パンに葡萄酒にリンゴ。ロシア正教徒の農民一家です

ブタに桶、お金の貯まる縁起マトリョーシカ。
水玉とボタンが可愛いおしゃれな家族

ソビエト時代の国旗は、赤地に斧と鎌でした。
農民を尊敬する国民性が表れています

農民のハレの日の民族衣装。男の子は真っ赤な帽子と
お揃いの、腰紐のあるルパシカが印象的

これは焼きごてでなく筆で縁取った、マットなニス仕上げ。
大人っぽいモダンマトリョーシカ

5個とも全てトリを持った子たち。最後はたまごッ子

珍しいペアです。不思議なのはおじぃちゃんの中におばぁちゃん、おばぁちゃんの中におじぃちゃんが。その中には幸福を招く白ネズミ

歴史的ウッドバーニングマトリョーシカ

現存する最古のマトリョーシカ（ニワトリを抱いた農民の少女）をモチーフに、ある人は本物そっくりに復刻。ある人は自分なりにアレンジしてビンテージ風に。皆、子を産む象徴であるニワトリを抱いていることがお約束。焼きごてで縁取りをし、その中に色を付けていく。濃い、ニスやラッカーは付けず、日本の伝統こけしの様に、薄く蝋を塗って仕上げる。

ナタリア・バローニャ作、ヒストリィマト８個組の忠実なコピー

上記同様ナタリア作の茶色いニワトリバージョン

セルギエフ・ポサード玩具工場の５個組歴史マト

上記工場の茶色いニワトリバージョン

耳当てのように、両耳 に大きめの花文様が付いたプラトークがキュート！
４人目以降はプラトークなしでもソーキュート！

唇がハート型でコケティッシュ。ラテン系美人です

トルコブルーのサラファンがお似合い。
ピンクのネックレスは猫とお揃い

白い花を抱いている２等身マト！
体長３cm の小さい子です

フラフープとカチューシャを 金箔であしらい、
大胆な焼きごてのタッチが野性的

ロシア正教会のモチーフはセルギエフ・ポリードでは定番。イースターエッグと共に巡礼の観光客に人気マト

赤ん坊を喜ばす顔ネバリャーシカ(起き上がり小法師)。
中から心地よい音がする

上目使いのマーガレット嬢。他のマトリョーシカと同様、木目を生かして金と茶と白の上品な彩色

収穫した真っ赤なベリーとプラトークの水玉がお似合い。
チャーミングなだるま型のフォルムで一番小さい子は愛らしさバツグン！

黄金とウッドバーニング

下地を全面塗らず木地そのものの美しさを生かした伝統マトリョーシカ。焼きごての温度は高く（線が太く）大柄でシルエットはだるまの様にずんぐりしている。絵柄が大きい為、ほとんどの場合、腕が描かれていない。ここ 20 年位、金箔の転写プリントを部分的に使うのが流行っている。モチーフはロシア正教に関係するものが多いのもセルギエフ・ポサードの特徴。

西洋ヒイラギと渦巻きのクリスマスモチーフ。
お目目くりくりの青い瞳のかわいこちゃん

教会を様々な角度からスケッチし、ちりばめた風景マト。荘厳な雰囲気です

青い瞳にピンクとグリーンが品良く木目に馴染んだ、優しく愛らしいマトリョーシカ

上記と同じ作者による、フォルムがまあるく愛らしい姫だるまマトリョーシカ。10 個組、一番目 15cm。最後が 5mm。

珍しい三角錐のマトリョーシカ

右上と同じ作者の５個組。
この形はクリスマスオーナメントとして、よく売られています

サンタクロースなのか、キノコなのか？
だるまさんの様で、愛らしい

ロシアでは、サンタクロースは存在せず『ジェットマロース』(寒さのおじぃさん)。
横の少女たちは寒さの孫娘たち『スネグーラチカ』。
右の２つはハンプティとダンプティ？

濃淡のピンクでまとめられた美しいたまご娘７人姉妹

表情が穏やかな寒さのおじぃさんと孫娘たち。交互に現れ一番最後は、お約束の雪だるま

CEMЁHOB

産地系統②

セミョーノフ系

ソビエト時代の伝統セミョーノフ型ニス無しビンテージマトリョーシカ

　ここも、是非訪れたい産地の一つです。日本はもちろん、世界のマトリョーシカのパブリックイメージは、まさに、この地方のものが、認識されています。それはソビエト時代、大量生産のお土産品として、世界に数多く輸出していたからです。最盛期は、各工場で月に一万個以上の生産があり、あまりに、ポピュラーである為、ロシア人はこの地の伝統マトには、あまり興味を持っていません。しかし、赤・黄・黒のアニリン染料を使った、単純な描彩こそ、鳴子を代表とする日本の伝統こけしにも通じる伝統的スタイルなのです。

　現在ここでは二つの工場が存続。一つは、いまだ、レーニンやスターリンのスローガンを工場の壁に掲げ、良い意味で、ソビエト時代から時間の止まった様な「セミョーノフスカヤ」工場。もう一つは、この地方の伝統、ホフロマ塗りの工芸品も同時に制作し、一〇〇人以上の女工さんたちが、オートメーション部門と、手仕事部門に分かれて働いている「ホフロマスカヤ」工場。自慢のオートメーション旋盤は七〇年代のもので、三ピースのマトリョーシカを、数秒で作りだすことができます。もちろん今なら最新の機械で、もっと速く、たくさん作ることもできるでしょうが、今の、このスピードが、丁度良い生産高に結びついているとのことです。

セミョーノフスカヤ工場入り口。ここの女工員さんたちは入り口や壁等、至るところにマトリョーシカの看板や壁掛けを飾って楽しんでいる

『セミョーノフスカヤ』工場

レーニンの「生産を高めることは社会の勝利」が掲げられている。生産性は上がったが果たして勝利したか否か？

広い描彩工場の中に一人ずつ各パートのブースが設けられている。今ちょっと、サバチーラバ（さぼり）中。

イースターエッグにも伝統的薔薇の花が

黄色いプラトークに伝統的な薔薇文様

ホフロマスカヤ工場入り口。広大な敷地の中に木工部門があり、その中にホフロマ塗り工場とマトリョーシカ制作工場がある

『ホフロマスカヤ』工場

自慢のドイツ製オートメーション旋盤は、３ピースのマトリョーシカを、わずか数秒で作りだすことができる

ホフロマ塗り部門の入り口は漆塗料の独特の香りが立ちこめ、繊細で美しいホフロマ塗り大絵皿で飾られている

ホフロマ塗りの小物入れと壷、小匙

ホフロマの塗料を使った試作品マト

ホフロマ塗りのイースターエッグ

ロシア時代の新顔マトリョーシカ

1990 年ペレストロイカ以降、人々は自由とお金を手に入れた。自由主義は貧富と格差を生んだが、工場の職人たちに笑顔が生まれた。当然そこで生まれたマトリョーシカの顔は朗らかで明るい、まさに作る人の気持ちがそこに表れているかの様だ。しかし、女性たちは、素顔ではいられなくなり、美容室に行き、お化粧をする様になると、マトリョーシカの顔も同じ様にお化粧をし、ちょっとよそ行きの気取った顔が多く見られる様になる。悪く云えば、媚びた笑顔。最早、そこには素朴な農民の少女、マトリョーナはおらず、現代ロシアの最新型美女がいる。

何かいいことあったのか、幸せな女の子たち

上目使いのタレ目ちゃん。小さくなる程いじらしい

何かたくらんでそうな黒目がちな、したたかな少女

定番中の定番５個組。２個目以降はいい意味で、和風なこけし顔

ソビエト時代の古顔マトリョーシカ

ソビエト時代は古き良き時代とも云えるが、末期は本当に悲惨な状態でもあった。戦争もないのに、物が不足して、とても苦しい時代でもあった。物作りは流れ作業で生産高重視、レーニンやスターリンのスローガンのもと、社会や国家への愛を高め、その為、仕事への愛情も強くなったが、マトリョーシカそれ自体への愛情のあった職人がどれだけいただろうか。まつ毛もなく、暗い上目使いで、ほっぺの赤は頬紅ではなく、寒さの為。しかしながら、素朴で一途な純粋さを持った、クラシックな乙女たちがたくさん生み出されたことは間違いないだろう。

意志の強いソビエト女性の黒い瞳。サラファンでなく珍しい赤いガウン姿

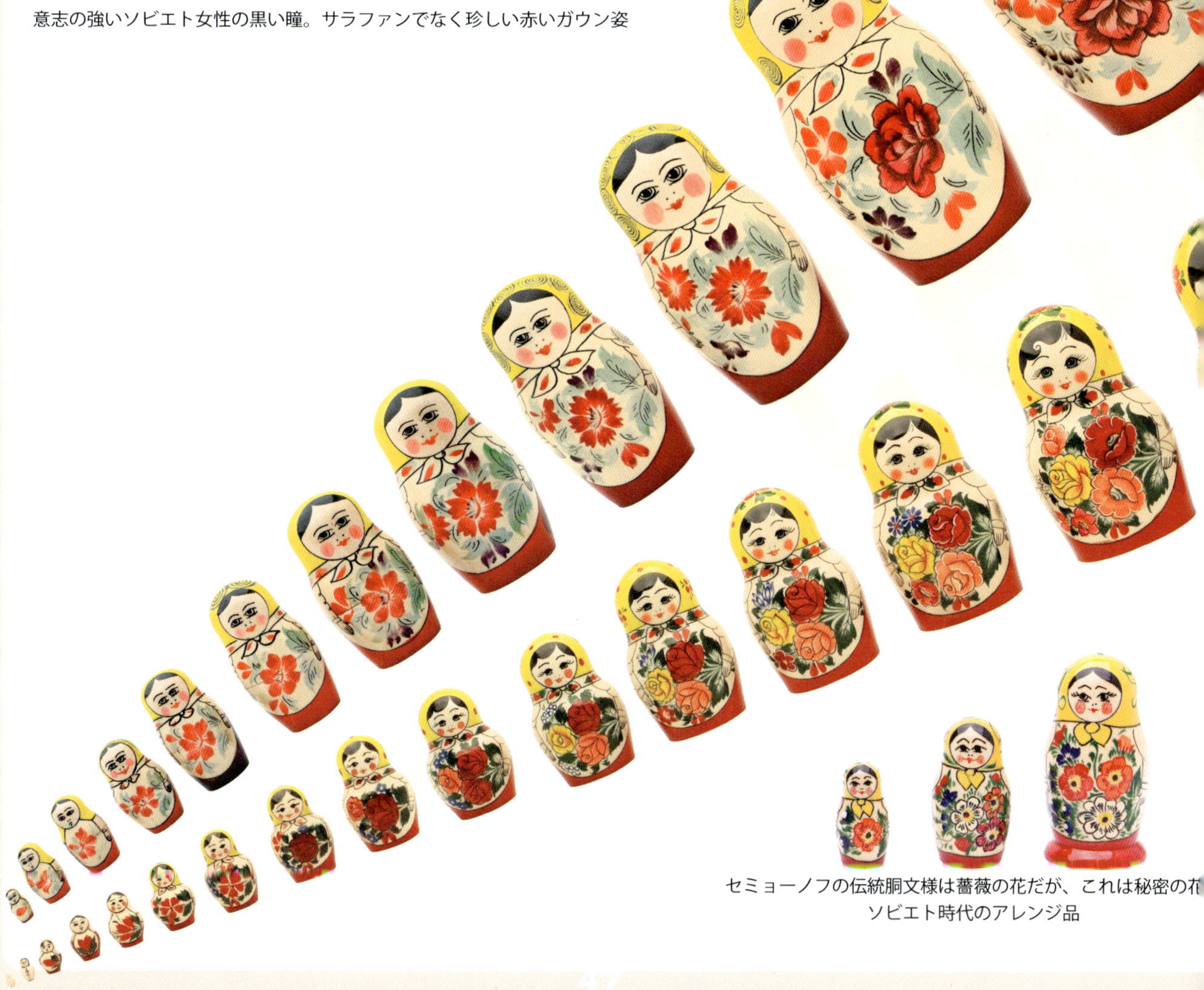

セミョーノフの伝統胴文様は薔薇の花だが、これは秘密の花
ソビエト時代のアレンジ品

チューリップを持ったネバリャーシカ。
サラファンは瞳の色とお揃いブルー

花柄のカチューシャ。長いまつ毛は、くるんと目尻で可愛くカール

オリエンタルな美しさを感じるのは、黒髪のせいか、こけしの産地、鳴子の「ねまりここけし」にそっくり

こちらはくびれのない姫だるま型。最後の子は産着姿

「アニュータ」と申します。大きめのプラトークが好きで結び目がネクタイの様になびいてます。贅沢な 10 個組

エッグスタンド型小物入れ。
薄緑色のプラトークは珍しいかも

お腹からカラフルな薔薇のたまごが

北方民族の綿入れを着た、あたたかそうなエスニックマト

プラトークの文様が繊細な民族衣装マト。結び目はなく、くるんでいる

ペアでセットのミニボトルケース。
P118 のコケーシカオリジナル「メオトリョーシカ」の原型になった伝統もの

高さ 30cm。妖艶に微笑みかけるウォッカのボトルケース

ソルト＆ペッパー、シナモンの調味料セット。
プラトークの色違いで見分けて

伝統的セミョーノフ型ペンとペンケースセット。
ペンの顔は十人十色。お好みで薔薇少年と入れ替えて。
上は渦巻き柄をスカートにあしらった珍品ペン

赤ん坊が、
赤ちゃんマトの
ガラガラを持つなんて、
なんてかぁいいんでしょう

頭の平らなマトマスコット。体長 5cm。こけしの様

ルパシカを着た、水玉少年数え遊び知育玩具セット

赤い帽子の数え遊び猫ちゃんセット。10 匹の猫たち、リボンタイをして勢揃い

花のモチーフのマグネット

ニワトリのお母さんの中には、たまごではなくヒヨコが 10 羽の数え遊びセット

お茶の葉入れ。サモワールでロシアンティーを召し上がれ。
スプーンも薔薇と顔が付いて

キーホルダーもマトリョーシカ
困り顔が可愛い！

マトリョーシカ好きで
チェス好きなら、
絶対に欲しくなるセット！
勝負が白熱しても、駒の顔を見たら
クールダウン……

セミョーノフ・スタンダードの数え遊びセット。まさに子だくさんの象徴

ユーモラスなキノコレディ。左は首の下から小物入れに、
右は三角帽子をはずすと小物入れに

王様とお姫様の、たまご型した
マトリョーシカ

コロボック（ロシアの民話、日本名はおだんごパン）。
食べようと思って追いかけてくる動物たちが
逆に、食べられちゃうかの様に。４ひき中に入っています

赤いほっぺたが幸せ感を漂わせる、
セミョーノフ型ミニこけし

素敵なお家から出てきたのは、コロボックと同じ登場動物。
よく見ると脱力系の得体の知れない子たちです。一番左側の子は誰？

無表情に、くるくる回って、
スカートが広がるこま

「リューバ」と申します。このマトは春夏秋冬と時計で、時の流れを物語っています。10 個組もありますが
ずっと四季の登場人物が繰り返し出てきます。１年は早く、あっという間に時代は流れていきます

15 個組・37.5cm

真珠のカチューシャとナナカマドの赤い実がなんともキュート。
黄金の秋に映える絵柄です

アイリスの精。
青い花は知性と清純さを兼ね備えている女の子の象徴

一見、気の強そうな小マダム系ですが、ハートは繊細で優しいの。
赤い実を抱えて、いつも自分を勇気づけてます

チョコレート色のプラトークから、ちらっと水玉のブラウスの
胸元がのぞいている。ぽやんと夢見がちな空想少女

わたし、人から変わってるって云われるんです。
クリエイティブ系不思議ちゃん

「アリョンカ」と申します。朱色と緑は湘南電車の様にみかん畑を連想させます。北国の憧れは温暖な気候の、のどかな景色です。

クリスマス仕様のマトリョーシカ

どんな系統でも、クリスマスというテーマは面白い程、産地の特徴が表れる。又、クリスマスは寒い国にとって、絶好のモチーフであり、興味深いのは、中国と並んでロシアにも同じ様に動物で構成された干支があり、その動物も又、モチーフとなる。

雪娘は体長 5cm。あたたかそうな
その中には一人ッ娘

ロシア民話の雪女。お酒と玉手箱を持ってやって来る

右上、雪女の色違い妹

ロシアのスカースカ(昔話)に
出てくる時計の妖精型貯金箱

しずく型、エッグ型オーナメント

おじぃさんの中に伝統セミョーノフ。
その中にツリーの３個組

寒さのおじぃさんと孫娘がクリスマスプレゼントを持って来た。
その中にはセミョーノフ型マトリョーナちゃんが

DARUMA フォルムのクリスマスオーナメント。ジェットマロースも孫娘も雪だるまもいて、おまけに次の年のロシアの干支（羊）も入っている

ПОЛХОВСКИЙМАИДАН

産地系統③
ポポロフメイデン系

アニリン染料によるビンテージのマト
1950年代の物ながら色は残っている

本当に謎の村でした。メイデンの名前は、マトリョーシカ好きなら、誰でも一度は耳にし、セミョーノフと並んで、モスクワで数多く売られている代表的な産地です。ところが、この産地は、誰がどんな風に作っているのか誰も知らないという村でした。それはこの地が、飛行場はもちろん、列車の駅も無い為、舗装されてない道を十時間以上走らなければ行くことが出来ない、交通の便がスコブル悪い場所だったからです。以前何度も、地元のロシア人に、近くまで案内してもらいましたが、とうとう、行き着くことが出来ませんでした。それは、当時、水爆の工場が近くにあった為、地図に正しい情報を載せていなかったからでした。数年前、やっと行くことができ、村中の人が、マトリョーシカ作りに従事しているという伝説は本当だったことを知りました。

家の前には、白樺や菩提樹の材木が無造作に置かれ、各家の納屋では、家庭用の轆轤《ろくろ》が据え付けてあり、まさに村中で、マトリョーシカを作っていました。私はマトリョーシカを買いに行ったのですが、観光地ではないので、ホテルやレスランはもちろん、マトリョーシカを売る店も一軒もありませんでした。この村の人は誰一人として、マトリョーシカを買う人がいないからです。本当にロシアの民話に出てくる様な素朴な村なのです。

左写真奥、手前右の家はマトリョーシカを作っている職人家族の住宅。材料の木が家の前に乾燥させてあるのですぐにわかる

村一番の木地挽き轆轤職人、グラチョフさん。30 個組位は朝飯前

隣村であるヴォジンセンスコェ村郷土博物館のマトリョーシカ展示

グラチョフ作 30 個組断面
隙間にあるのは空気だけ

メイデンのイースターエッグ
70 年代前後のビンテージ

墨色 1 色だけの描彩でも
美しい、クッキー入れ

メイデン型の髪の毛は、くるくると
渦巻きの様になっているのが伝統的特徴

ロシアの広大な土地を感じさせる村。空が高く昔ながらの平屋の木の家ばかり。電気は通っているが外灯はないので夜は真っ暗になる

メイデン村の中でも独自の描彩ペンを使って、繊細に仕上げる職人画家ナタリアさん

全て着色すると一気に表情を変え、
実に華やか

ワイルドな筆使いで人気の高いアンナさん。墨絵風の輪郭の一部分を着色しただけで素朴な土着の民芸色を醸し出している

30年の年輪の様。制作時間はわずか3日！

メイデン村の新作は木地の美しさを生かした、色数を抑えたシックな作品。雪の白さとメイデンに咲く一重の薔薇を表現した「冬の花」というタイトル。一見、ウッドバーニング風だが実は微妙な焦げた茶色の筆で縁取りされている。又、30個組なのに重さ3kg しかない、いかに木を薄く削っているかがわかる。一番大きい子は45cm、一番小さい子は3mm。横に並べれば、およそ3m にもなります。

愛らしい後ろ姿コレクション

メイデンマトの特徴は、まず色の派手さにある。そして、髪型。この地方での、女性の美しさの基準は次の通り。まず髪が長いこと、そして、それを自慢のプラトークで隠していること、隠しきれなかった髪を必ず美しいリボンで束ねていること……とマトリョーシカが教えてくれている

明るい紫は、珍しい色使い。
ちょっと個性的な世界の娘

9 個組のマトリョーシカがこの色彩で並ぶと、豪華さだけでなく迫力もあります。
プラトークに描かれた花心が、コバルトブルーなところが心憎い

現代風 10 個組。上記 9 個組共々、ペレストロイカ以降の作であることがその表情で見てとれます。かつては、胴文様だけがきらびやかで顔に華やかさがなくアンバランスでしたが、今、顔も明るく胴文様の花と同じ様に派手になりました

盛りだくさんの花がメイデンの特徴ですが、墨色の縁取りの仕方でいかに鮮やかになるかが決まります。
渦巻きのプラトークはセミョーノフから伝わってきたスタイル

この手の物が一番安価にベルニサージュで出回っている。
極力省略された絵柄は逆に素朴なメイデンの特色が表れている

帽子の下にプラトークを
巻いて、冬支度。
あたたかそうなボトルケース

子持ちのキノコ型小物入れ。
小さいキノコたちが左側に

素朴な顔と髪型はメイデンの伝統的描彩を忠実に再現

ふっくらとした顔、くるくるとカールした前髪、ぱっちりとした瞳はどことなく昔の女優的な雰囲気

青系のクールな印象だが、髪の毛の蛍光オレンジが目をひくロシア的な女性美

イチゴ畑からやって来た
ホフロマ風ネバリャーシカ

ちょっと寄り目なかわいこちゃん。
イチゴの精３個組

ひなたぼっこが好きそうな癒し系メイデン(乙女！)

メイデン独特の花文様を描きながら、色味はシックな赤を使っている。部分使いの蛍光色がアクセント

演出する。上のは珍しく部分的に金を使っているもの。真後ろに描く三つ編みリボンを斜め前に垂らしているのも作者の今風アレンジ

メイデンスタイルをシンプルに省略小型化した5cm程の笛マト。一つ一つ手作りなので、その音色も少しずつ違います

どんなに小さくなってもメイデンで作られたものであることが一目瞭然のボールペン

ガラガラもメイデンスタイル

小型ボトルケースの花柄は伝統的ではない。
今風にアレンジして図案化したもの

本来、メイデンマトは金色を好まない。金箔の転写プリントも使わない。その代わり、原色と蛍光色の組み合わせで派手派手な美しさを

これらはマトリョーシカ職人が作ったミニチュアのメイデン村の暮らし。村の中心には教会があり、それぞれの家で様々な仕事をしています。中にはろくろを挽いてマトリョーシカを作る家の様子も描かれています。お父さんとお母さん、親子、姉妹、兄弟は伝統的な服装をして家の横に立っています。屋根はメイデンの美しい花で飾られ、開けると小物入れになっていてワクワクします

КИРОВ

産地系統④ キーロフ系

キーロフ得意の物語マト。
ひとつずつ絵柄が違うのが特徴

キーロフは、ニジニノブゴロド州の中でも、工業地帯の大きな町です。とはいえ、「ヴォルガ」という大きな自動車工場を別にすれば、小さな町工場ばかりの、地方色豊かな、ソビエト的美しい原風景が残っている町です。

ここでは、マトリョーシカ工場の他、コレクションしたくなる様な美しい麦わら細工の箱工場、有名なロシアの宇宙飛行士の出身地ということもあり、宇宙飛行士の人形や、ロケットのおもちゃを作る玩具工場、ミルクを飲んだり、眠ったりする懐かしい抱き人形を作る人形工場他、チョコレート工場等、まさに子どもたちの夢工場が集まっており、工場見学好きなら、見所満載の町です。

キーロフマトリョーシカの特徴は、麦わらマトリョーシカと、胴文様に、一コマずつ紙芝居の様な、物語の場面を描いていく、ストーリーマトリョーシカがあります。

かつてアエロフロートロシア航空の、アッパークラスに乗ると、様々な産地のマトリョーシカがもらえるという特典がありました。その中の、美しい麦わらマトリョーシカを見て、一目惚れしてしまい、作っている工場に、訪ねていったのがこの産地を知るきっかけになったのです。又、キーロフは、ここより北には、マトリョーシカを作る産地はない最北の地でもあります。

日本の昭和30年代の様な雰囲気もある、工場裏手風景。引退したおばぁちゃんの女工さんが、ひなたぼっこしていた、のどかな景色

「お土産」という名の工場入り口。看板には、可愛らしいロゴが

「C」はロシア語でスーベニイルの「S」。
男女マトペアがトレードマーク

ただいま、乾燥中の麦わらマトリョーシカ

どこにお嫁に行くのか…出荷を待ってるとこ

マト産地の最北端。町は、工場と古い木造家屋が混在し、都会っぽい街角もあり、畑や村っぽい田舎風情もある

キーロフは木工製品の様々な工場があり、中でもマト工場と友好関係にある木箱工場の作品が本当に素晴らしい。技術提携をしているのか、麦わらや彫刻の意匠が互いに良い影響をうけあっている

箱工場の熟練女工さん。麦わらを切りながら貼るという最も難しい技術で、驚く程、速く仕上げていく

キーロフのお土産工場に訪れるきっかけとなった
90 年代アエロフロート航空のファーストクラス搭乗記念マト

開けたらビックリ！「コンニチハ〜コンニチハ〜世界の国からー」
とおなじみの歌が聴こえてきそう。人類皆兄弟マト

おめでたい７ツ子ちゃん！

本体の絵柄は、ロシアンサーカス。
ユーモラスなピエロが「開けてみて！」と笑いかけます

金色のベースが豪華な結婚式風景です。ちゃんと司祭さんも入ってます

このイチゴ柄はセミョーノフ（ホフロマ塗り）の影響と思われます。
顔は明らかにキーロフの伝統美人です

三つ編みを垂らして、すまし顔。後ろには、ロシア正教会とクレムリンが描かれている

同系色でまとめた服装がロシアの民族衣装マト

キーロフの農民マト。持っているのはそれぞれ
ニワトリ、ウサギ、壷、ひまわり、たまご

一番上だけボトルケースのような長身美人。白に紺という
ロシア名産陶器「グジェリ」風のタッチで描かれた薔薇が上品

右上と同じ木型。こちらはニスを厚塗りして、ビビッドな色合わせを強調。
水差しはやすらぎと気品の象徴

ロシアの子どもたちの、楽しい冬休み。雪だるま、ソリ遊び、あたたかいお家……お楽しみ盛りだくさん

エロティックな形のマトリョーシカ。上半身は細身の美女。胸から下は母性的。ふたつのハートは男女の愛と母の愛を表現している

一種類の花を見事に描き分けている。プラトークの後ろも丹念に描かれています

緑に赤のクリスマスカラー鮮やかなマトリョーシカ。モチーフのエンドウ豆も又、子だくさんの象徴

クールな色合わせ、たっぷりしたツヤは、グジェリ風のにじんだタッチを引き立たせている

実りの秋。黄金の秋。冬支度の前の美しいロシアの季節を上品に表現

まるで陶器に絵付けしたような図案。題材はロシア民話。シンプルな色使いはコレクターズアイテム

一番お姉さんだけ赤のプラトーク。小さくなるにつれ、わかりやすく省略されていくのが微笑ましくもある

プラトークの巻き方が結ばない、くるみ系。素材の花は多分、この地方に咲く野の花

白猫を抱っこしちゃって、なんともあたたかそう。丸くなった猫とマトのフォルムが合っている

北海道でも見かけるライラックはロシアではとてもポピュラー。このマトはブルーと
ピンクが交互に出てくる、パステルカラーにたれ目の安らぎ系マト

右ページの後ろ姿。１本の木の成長で年月や、時の流れを表している

右下マトの後ろ姿。
後ろ側の方がワイルドに
細工が施されています

キーロフの伝統的麦わら細工

ノーリンスクと地理的に近い為、互いに影響は受け合っているものの、その特徴はかなり異なる。キーロフの麦わらマトの特徴は、必ずたっぷりとした袖の腕を描き入れ、そこに、ふんだんに麦わらの象嵌がされている。方やノーリンスクはシルエットも細身で腕はほとんど描き入れられない。今では技術的な水準は同じようなものだが、キーロフには麦わらを使った箱や壷等、他の木工アイテムもあり、麦わら職人の人口は多い。

花を直接持つのでなくカゴに入れ、そのカゴまでしっかり描かれている

規則正しい縦横の麦わら柄は端正な顔立ちと合ってます。全て同じ柄の繰り返しなのも几帳面な感じ。
上の３人はハート型のハンケチを携えて

キーロフの伝統麦わらマトリョーシカ。その迫力もさることながら、黒地に花文様はチェコの切り絵にも通じる色味。
袖口のステッチはロシアのブラウスによくあるエスニック柄。10 個組・20cm

赤のプラトークにブルーのサラファン、白いブラウスはロシアの国旗カラー。花園は麦わら細工満開。
プラトークの結び目の下にまたリボンとは芸が細かい

黒と白のくっきりとしたコントラストの衣装。プラトークも色違いのアクセントが入っている。体型と顔立ちが親しみある感じ

物語マトリョーシカ

顔は伝統的キーロフ顔、胴文様は紙芝居や漫画のコマ割りの如く、ひとつひとつに物語の場面を展開していくマトリョーシカ。描彩がかなり細かい為、熟練した職人画家の技術が必要。アイデアの素材はロシア民話から日常の出来事まで、ネタは尽きない。

胴文様はご存知「白雪姫」。では、マトリョーシカは魔女役でしょうか？
コビトは若干ディズニーの影響が……

このマトリョーシカが考えていること、心に秘めていることがビジュアル化されたかの様。
寒そうな景色の中に暖かそうな登場人物が……

チョコレート色に囲まれて描かれるのは、ひとつひとつ別のお話。２体目は「マーシャと熊」、
３体目は「ロシア版親指姫」、５体目は「おだんごパン」

ロシア人の描くエキゾチックな「アラビアンナイト」。マトリョーシカもアラブ女性に見えてきます

少女マンガの様に夢見がちな表情で、うっとり小鳥のラブストーリーを描いてます

ロシアの大自然の中で描かれた、ロシア版ビアトリクス・ポター的絵巻

顔は描き慣れた美少女、胴体はかなり苦戦して、結果、同じ人が描いたと思えないギャップが面白い

このマトリョーシカの少女時代の不思議な体験か、夢の様な神秘的な物語が

ほおづえをついて、下界を見下ろしている女神の様。後ろ姿は夜空をバックに
マツとナナカマドの美しい冬景色が図案化されている

少年少女の淡いラブストーリーが花のリースで囲まれている。将来はきっとハッピーエンドでしょうねッ。
ニワトリは子孫繁栄の象徴アイテムですから

まるで美少女マトリョーシカが、ロシアの民話を朗読してくれている様。良い人も悪い人も出てこないけど、
とんまな人と利口な人が出てくるお話

真珠のネックレスと三つ編みが現実と物語の世界を区切っている。描かれているのは、宗教と戦争の昔話

НОЛИНСК

産地系統⑤ ノーリンスク系

麦わら細工の高級なボトルケース

産地の特徴として、キーロフから伝わった麦わらの象嵌《ぞうがん》細工があります。セミョーノフの伝統色が、赤と黄だとすると、ノーリンスクは、赤と緑を基本色とし、そこに麦わら細工を施したスタイルです。顔の特徴は、目が大きく、明るく、朗らかな印象です。

又、ここも、産地に行くことが、非常に困難な場所です。モスクワを夕方発ち、夜行列車で、翌日の昼頃経由地キーロフに到着。そこから、舗装されていない道路を3～4時間のドライブで到着します。

私が訪問した時、この地を訪れた初めての日本人として、地元の新聞記者が取材に来ました。村には、一軒だけ簡易宿泊所があり、外国人が泊まるホテルではありませんでしたが、村の小さな食堂も、市場も、外から来る人に対して、皆親切で友好的でした。新聞記者は、取材のお礼に、町を案内してくれ、地元の郷土博物館に連れて行ってくれました。そこには、貴重なマトリョーシカと動物の剥製が、ジオラマとなって、展示してありました。

工場の人も、初めて日本にマトリョーシカを送るので、何度も、郵便局を往復してくれ、一個一個全ての大きさと重さと値段を細かく書き込み、こんな厳重な梱包はないという位、何重にも丁寧に包み、マトリョーシカへの深い愛情を感じたことが印象的です。

ボトルケースに最後の仕上げ。麦わらを貼る女工員さんたち

バラバラにしても、組んでも美しい。
深みのある緑色が麦わらとよく似合う

毎日、同じことの繰り返し作業を明るく楽しむ乙女職人

カットした麦わらの図案を部分部分に細かく貼っていく作業

収穫された麦わらをカットし長さを揃えているところ

麦わらは十分な乾燥の後、アイロンで平らにし着色す

麦わらマトの後ろ姿コレクション

平面の絵画と違って３次元の表現であるマトリョーシカは、頭のてっぺんから裏側まで見えないところの手抜きも許されない。だから手に取ってくるりと回して、うっとりするのは顔が描かれていない後ろ姿だったりする。そこに工芸品オブジェとしての美を再発見するのだ

濃紫のサラファンに種類の違った花柄、下から３つ目はすずらんの花。フリルの縁の三日月型も麦わら細工

頭に施されたゴージャスな髪飾りが特徴。木の妖精の様でもあり、エスニックなお姫様の様でもある

手が描かれているので、花束を抱えている様にも見える。カチューシャをした花売り娘

チョコレット色のチョッキは花柄、サラファンとお揃いのからし色のプラトークにはフリンジがついている。
どことなく現代風に見えるのは首が描かれているからか。ネックレスも利いてます

たまご型のオーナメント。
麦の実をチェーンの様につなげている

漆黒のツヤが美しい７個組。赤と黒のコントラストに金髪が映える。全ての顔が非常に整っているのが、この系統の特徴

モスクを思わせるコバルトブルーはオリエンタルビューティーなマトリョーシカ。多色使いではないのに、華やかで目を奪われます

左下マトと同柄。
8㎝程の小さな壷にも
麦わらがびっしり

茶と赤とストローベージュの落ち着いた色合わせに金ラメのカチューシャがキュート。
何より細工の細かいこと！　一番小さな子に付いている松雪草の可愛さも秀逸です

大きな深緑のプラトークはまるでポンチョの様。すっぽりと全身を包み、ほっぺを赤くした可愛らしい表情。
縁取りも全て麦わらで凝っています

マトリョーシカの定番モチーフである、ニワトリが、物語の様にヒヨコからだんだん育っていきます。
チロリアンテープを麦わらで表現したサラファンは、感動もの！

しずく型マスコット。
伝統の色合わせ

少年少女の小さなペアボトルケース。
ウォッカではなくニッキ水が似合いそう

この素朴な子もニワトリモチーフ。面白いのは皆、トリたちが何かを食べているところ。食は生命力の象徴

鮮やかなエメラルドグリーンのコーディネート。美しい胴体の花々はひとつひとつ構図が素敵に変化していく

12 個組、30cm。これぞノーリンスクの典型的な伝統麦わらマトリョーシカ！　赤いプラトークに深緑のサラファン、髪の毛のオレンジとスカートの紫が特徴。又、手の込んだ麦わらマトでは省略されがちなプラトークの結び目がリボンの様に大きく描かれている

お父さん、お母さん、娘たちの家族楽団のマトリョーシカ。一番おチビさんがボーカル担当？

若いカップルのマスコット。
女の子もさることながら、
紅顔の美少年がグッド。
水玉のルパシカにバラライカを持って

皆それぞれお気に入りの猫たちを抱っこしています。一番小さい子はネズミ好き

顔は皆幼い少女たち。鮮やかなコバルトブルーのお腹には、ユーモラスな動物たちが……

オオカミの中に、おばあちゃんと女の子……
「赤ずきん」のストーリーそのまんまマトにしました

前髪を切り揃えた森ガール。ノーリンスクではずんぐり型は珍しい。
一番小さい子は、真ん中でスヤスヤ……

金のたまごをめぐるロシア民話のマトリョーシカ。
ネズミのお手伝いさんが心配そうに見ています

「白雪姫」です。7人のコビトたちは、おじぃさんでなく、美少年です

こちらも「白雪姫」。コビトたちはおじぃさんですが、美しくカラフルな衣装

乙女チックな花冠をのせ、サラファンドレスの形をしたマトリョーシカは、下側がオープン

ノーリンスクのマトボールペンはかなり省略描彩されているが、だるま型でおちょぼ口なのがМНЛЫЙ（カワイイ！）

調味料と楊枝入れ。
頭の長い持ちやすい美人です

頬杖ついたしずく型美人のオーナメント

美少年は帽子とセット。
ルパシカは水玉模様

焼きたてのパンを持つ
マスコット

オレンジ色の花とプラトークがお揃い。麦秋な装い

このプラトークの巻き方は、ロシア風真知子巻きです。真似したいッ

胴文様の花に注目､描き方はまったく違いますがモチーフはメイデン系の花と同じで華やか。８個組・16cm

РЕСПУБЛИКА

産地系統⑥
共和国系

マリエル共和国でマトを作り始めた頃の
初期型ビンテージ。まだ、民族衣装を着ていない

ロシア以前は、ソ連でありましたから、様々な共和国がソビエト連邦として、共存していました。共和国の中でも、二大マトリョーシカ産地は、今もロシア国内にある、「マリエル共和国」のヨシュカルオラと、今は独立して別の国になっている、「ベラルーシ共和国」のブレストです。

いずれも、マトリョーシカ産地としては新しい産地（マトリョーシカを作り始めたのは最近）で、様々な風土や文化の入り交じった顔立ちや民族衣装の伝統文化を取り入れたのが特徴です。これらは、別名エキゾチック系マトとも云われ、すでにコレクターズアイテムとして人気が高い産地です。

ヨシュカルオラは、キーロフから、舗装されていない道を七時間のドライブというのがかつての行き方でしたが、今はモスクワから寝台列車に乗って八時間で行けます。民族衣装の三角形の冠をモチーフに作られた、三角錐マトリョーシカが有名です。

ベラルーシ共和国は少し前迄、社会主義国ということもあり、ゴミひとつ落ちていない、美しい町ですが、工場も政府から管理されているシステムが見え隠れして、不自由な印象でした。しかし、人々は皆友好的で、人なつこく、親切で、何より物価が安いので、旅行者は、楽しい観光が出来ます。

町のいたるところでこの図案を見ることができる。歩道の花壇にもこのマークが

共和国系二大エスニック産地

マトリョーシカを作っている産地共和国は他にもあるが、産地の特徴がよく表れている２つの共和国にしぼった。

マリエル共和国

マリ人の民族衣装を着たロシア製バービー人形。勝利を表す太陽の図案が刺繍されている

銀貨の飾り

太陽の勝利図案

マリ人の民族衣装。銀貨を胸につけるのは富の象徴と魔除けの為

ティファニー・ブルーのエプロンがこの工場の作業用制服。同じ色のプラトークをつけたマトリョーシカを作っているところ

ベラルーシ共和国

魔除けの冠「シェーマークシュ」をつけるマリ人の女性。シェーマークシュはふたつの部分から成り立っている。四角い固い布を三角に折り、麻のプラトークでおさえている

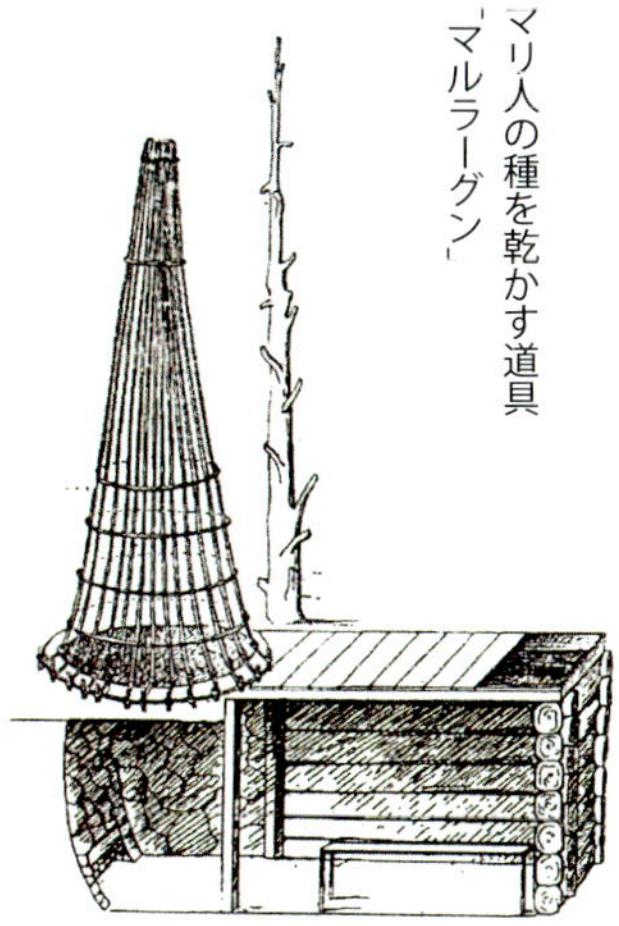

マリ人の種を乾かす道具「マルラーグン」

命の生まれる場所等、大事なところには、三角錐の形が民族的によく使われている

マリエル共和国の首都、ヨシュカルオラの画家同盟のクドリャーツェフ氏が、シェーマークシュから新しい伝統である三角錐のマトリョーシカを考案した

クドリャーツェフ氏が初めて作った三角錐マト。緑色のふたつはマリエルの祖先が描かれている

ベラルーシ共和国・ブレストのスラビアンカ工場で働く画家職人の描彩風景。

マリエル自治共和国
ヨシュカルオラ製

マリエルのイースターエッグ。
腕にはエスニック柄の刺繍が

まさに、シェーマークシュの為に作られたマトリョーシカ。ブラウスの赤い刺繍とお揃い

ソビエト時代、有名なピューレック家具工場の片隅で作られていた、珍しい工場生産のマリエルマト。
かなり荒っぽい描彩だが、ちゃんと民族衣装を着ている

豪華絢爛で細かいところまで描かれている手のこんだマト。顔はアマゾネスチック

おぼこい顔のかわいこちゃん。幼い５人姉妹

姫だるま型のエスニックマト。ひとりひとりの表情がみんな違ってみんないい。一番小さい子は民族衣装のおくるみに包まれて

シンプルで美しいマリエルの民族衣装は、他の産地でも人気がある。
左／バッジ。右／ペアのマスコット。共にノーリンスク製

マリエルの魔除け３人組。中には小石が入っていて、カラカラ音がする、開けると罰が当たると云う。
左／困った時助けてくれる知恵の神様。中／危険から身を守る安全の神様。右／美と幸せの神様

明るくって、でも意思の強さを感じる３姉妹

同じ民族衣装でも、描き手によって
違ってくる。左は銀貨の魔除け無し

結婚するとさらに銀貨の魔除けが増える。
ウエストベルトも銀貨をつなげたもの

マリエルの中でも少数民族の衣装を着けたお茶好きの子

哲学者の様なおじぃさんは靴を直している。靴は旅と新しいことへの探求や挑戦を象徴している。
編み物は幸福を待つという意味がある。皆、マリエルの民族衣装を着ている

ウォッカのボトルケース

ロシア人はウォッカ好き。ある時は寒さをしのぎ、ある時は薬にもなり、ある時は人生を味わい、又、滅ぼす。そんなウォッカを入れるボトルケースは人気が高い。土地の地ウォッカというものがあり、それに合わせて産地ごとにボトルケースがあれば尚嬉しい。瓶を入れてもぐらつかない安定したフォルムで意外と実用性も高い。

地名入りお土産ボールペン

3 cm 程の
ペアオーナメント。
男性は黒い帽子が伝統的

マリ人の赤ん坊の為のガラガラ

ミニ三角錐は 4cm

シンプルに省略した素朴なペアマグネット

表側は
壁飾りとして、
裏側はパンを切る
まな板として

マリの女性は小顔の印象。
男性はメキシコ人ぽい？

結婚式のお祝いにはパンを贈る
習慣がある。幸せになるマスコット

小さいのに描彩の細かい民族ネバリャーシカ。各 4.5cm

エキゾチックな顔立ち、オリエンタルな色合いは
タタル人のマトリョーシカ

ペールグリーンと黄色の斬新な組み合わせも
タタル人がモデル

白地に赤の民族刺繍はよくあるが
白地に青のエスニックスタイルは珍しい。
母娘でマトリョーシカ職人画家のパブリチバさんの
アレンジしたオリジナル作品。
胴文様の景色は家の近所をスケッチして
写したもの

色白な美人。
これは陶器でできた
エッグ型小物入れマト

マリエル柄の描かれた
キノコ型調味料入れセット

マリエル柄のハト笛。世界各国にあるハト笛。
国が変わればこの様なものに

ボトルケースと同じくパブリチバさんの作品。
白と水色は雪景色にとても合う

ベラルーシ共和国 ブレスト製

縦縞のスカートと首に巻き付けたスカーフはまさに民族舞踊の踊り子

横髪をちょっと見せ、プラトークを頭から首に巻くやり方がベラルーシ風
古くて新しい色の組み合わせが新鮮

天真爛漫な農家のお嬢さん。太陽が好きで健康的に日焼けしています

大きく開いた襟ぐりの薔薇の刺繍の黒いベストを着て、情熱的なカルメンの様

チェックやストライプ、今風の柄のスカートに黒いシックなブラウスを着た、都会ッ子

お花畑からやって来た、体じゅうに小花を散らした幸せいっぱいのマトリョーシカです

シンプルな色合わせ、花の成長が女の子の成長と共に描かれています

イチゴ好きの女の子。赤と緑のコントラストは顔の可愛らしさを引き立てています

懐しい色合わせが素敵。プラトークの白いラインと赤い実がチャームポイント

腕組みポーズは、右の手と左の手であなたを抱きしめたいというポーズ

ティファニーブルーのプラトークはスラビアンカ工場の制服とお揃い。
イチゴと合わせて乙女チックに

エスニックな色合わせのストライプと、アジアっぽい大きな花がとてもエキゾチック。プラトークを大きなリボン結びに

プラトークを巻かずにストールの様にラフに垂らして、
オレンジと緑で南国情緒を感じさせる

民族衣装のサラファンによそゆきの毛皮のベスト。お祭りの日の様に着飾って

右手に麦、左手にはマーガレット。麦は命の象徴。マーガレットは太陽。
共に農家の神様です

金銀を使っても品良くマット調に仕上がっている。
ニトロエマーリ塗料による作品

ハッとするよなひなぎく柄。こんなワンピースがあったら素敵！

鮮やかなピンクのブラウスを着て、ベリー摘みに行ってきたおしゃれな女の子たち

金の縁取りのプラトークに花輪をかけて、今日は楽しい収穫祭

水色水玉プラトーク。水玉と同じ位のクランベリーを携えて

7人のお嬢さんたちがこれからティーパーティ。お揃いの服を着て、お揃いの食器で、
どんなに素敵なお茶会でしょうね

ベラルーシの昔話、主役はやっぱり女性で、武器を持った男性と動物たちを従えています。
最後の子は誰なんでしょう？

ベラルーシの伝統的農民一家のマトリョーシカ。ニスを塗らず木地を生かした蝋仕上げで、上品に仕上がっています

ベラルーシの結婚式。手が動くペアマスコット。
互いに手を取り合って

ユーモラスな動物こけしトリオ

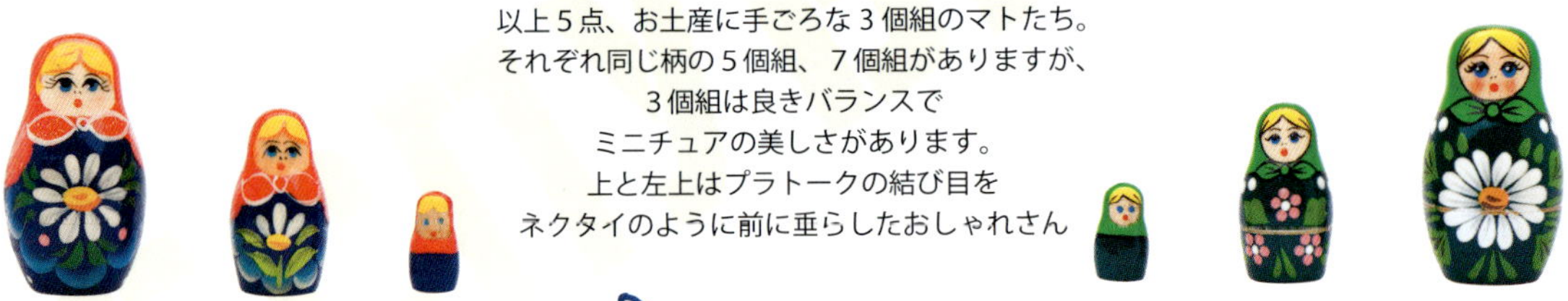

以上５点、お土産に手ごろな３個組のマトたち。
それぞれ同じ柄の５個組、７個組がありますが、
３個組は良きバランスで
ミニチュアの美しさがあります。
上と左上はプラトークの結び目を
ネクタイのように前に垂らしたおしゃれさん

キーホルダーはリング付き。
わたしが鍵を守ります

エスニックこけし根付。
携帯電話に付けて

ベラルーシのマトボールペンは
柄の部分まで描彩されている。
勉強の守り神フクロウのアイテムも有。

ベラルーシ系イースターエッグ。
ひなぎくは純潔の象徴

おめでたい金色のプラトーク。
両手にたまご、中にもたまご。
イースターの為に

АРТИСТ

産地外系統⑦ アーティスト系

ニワトリを持った歴史的マトリョーシカを、アーティストたちが自分なりにアレンジして復刻再現した作品

産地外系統として、作家ものマトリョーシカがあります。あえて「産地外」としたのは、様々な地方に、アーティストたちは点在しており、移住することもままあるからです。

彼ら個人のアーティストたちのほとんどが、すでに高い技術を持っているのは、かつてマトリョーシカの工場で、画家職人として働いていた経験を持っていたり、代々お母さんやおばぁちゃんたちが、マトリョーシカ作りに従事していたことがあったりするからです。

実は、その人が作家であるか、職人であるかということは、さほど重要ではありません。自分の表現したいことを納得いくように作る技術があり、更にロシアの伝統文化を、残していこうという気持ちがある人なら、素晴らしいアーティストに違いありません。実際、大量生産の工場の中でも、その様な人は存在します。ペレストロイカ以降、マトリョーシカを作る人々も又、自由に仕事を得られるようになりましたが、自分の持つ技術をどの様に生かしたらよいか、マトリョーシカを通じ、どの様に社会と関わっていくかが問われているのです。

自分の才能を使って、何を作ればよいのかを知っている人――その人をマトリョーシカ作家と呼んでいいでしょう。ここに挙げた七人は、本当に素晴らしいアーティストたちです。

НАТАЛЬЯ ВОРОНИНА

マトリョーシカの歴史絵巻で有名な

ナタリア・バローニャ

工芸学校でウッドバーニングの指導をする傍ら、作家としても多忙な人。彼女の名前を一躍有名にしたのは、発祥から現代に至るまでのマトリョーシカの歴史を十個組マトリョーシカに完成させたことにある。その作品はロシアの美術館、博物館をはじめ内外のコレクターたちがこぞって買い求めた。又、絵巻物と云われる由縁は、一面だけを描くのではなく、ぐるりと一周まるまるキャンバスとして描き、文字を使わず、ビジュアルだけで歴史を表現するという至難の業をやったからだ。最近では、ウッドバーニングの絵本制作にも取り組んでいる。

焼きごてによる作者署名サイン

まずひとつ目のマトは、画家マリューチンが、農民の少女マトリョーナをモデルにスケッチすることから始まる

「セルギエフポサード・ライフ」
タイトル通り地元セルギエフの生活をこと細かに描いた郷土愛あふれる作品。ケーキを焼いたり、食事を作ったり、子どもと遊んだり、愛を語り合ったり……。ほとんどが家族の営みのひとコマで、身近に見たことをそのまま描いた作品

「お母さんと子どもたち」
愛情あふれる姿が、その表情ひとつひとつに
見てとれる、微笑ましい作品

焼きごては、自分で作った。
かなりの高温で布を何重にも巻いているが、
右手は水ぶくれだらけ

お気に入りの場所は、窓辺の丸テーブル。
そこから庭の四季がいつも眺められるから

ふたつ目は、工房でだんだんと
量産していく様子が描かれている

3つ目以降は、各産地にマトが伝わり、その地方ごとの特色が伝統となっていく様子が描かれている

МАРИЯ ДМИТРИЕВА

マリヤ・ドミトリエワ

こけし好きの乙女・顔バッヂのオーソリティ

彼女のデビューは八歳の時。ロシア極東のサハリンにて展覧会に参加。ソビエト時代、天才少女画家として招待されたのだ。その時、初めて海を見た。その先には日本という国があり、こけし人形を作っていることを想像した。約二〇年後の二〇一〇年、念願の来日。東北のこけしの産地を訪れ、工人さんたちと交流した。彼女の描くマトは、皆、優しく、ちょっぴりさみしそうな笑顔をしていて、日本のこけしと通じるものがある。彼女のマトが日本人に好かれる理由は、布地の柄がとても繊細に描かれていることにもある。

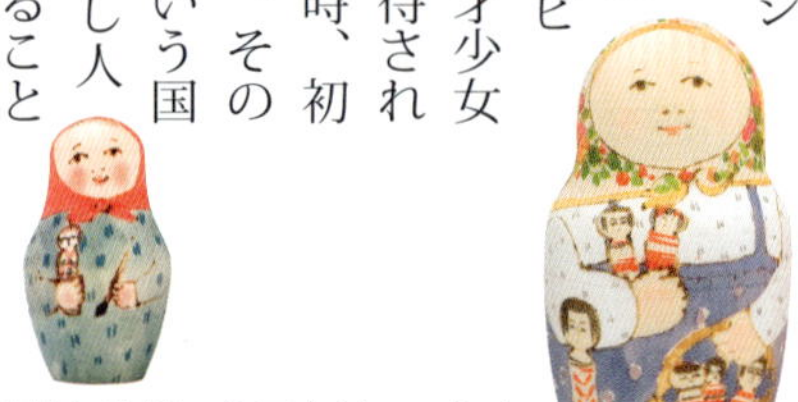

こけしを持ったマトリョーシカ。
東北旅行の記念に制作

双子が産まれました。妹たちも嬉しそう

左上後面

皆それぞれ、自分の宝物を手に持っています

左上後面

着ているものが、いい意味で着古され、皆なじんでいます

左上後面

きると云われて育った。一番上がお父さんのマトリョーシカは珍しいが、マリヤは自分の家族を描いているのだ。17 個組・42cm

プラトーク、ブラウス、サラファン、全てのコーディネートが完璧。木型もつるんと姫だるま型フォルムのネバリャーシカ

制作には広い場所はいらない、
30cm 四方の小さなテーブルで十分という

焼きごてではなく、
薄墨を使った
作者署名サイン

マリヤの得意は顔バッヂ。直径 3cm の中に
ふたつと同じ顔がないものをいくつでも描ける。
ひとつ描くのにわずか２分！

マリヤの、お父さんは彫刻家、お母さんは画家だった。子どもの頃から美しいものが身近にあり、マトリョーシカで遊ぶといい家庭がで

ЕЛЕНА ЕРЕМЕИЧЕВА

エレーナ・エレメチェワ

セルギエフいちの焼きごて使い

彼女の活動は、イースターエッグ制作から始まった。よって、ロシア正教に関連した伝説、民話、おとぎ話等、様々な登場人物を数限りなく、描くことができる。又、これでもかと云うくらい、びっしりと文様が焼き付けられ、小さなマトも、時間さえあれば、どんどん細かく描き込んでいくので、発注した側は、作品を見てびっくりしたり、恐縮したりすることが、度々だと云う。又、彼女はニスを使わず、特別なアロマと調合し、オリジナルの蜜蝋を使って、仕上げる。作品を部屋に置いておくと本当にいい香りがする。香りも作品の一部らしい。

イースターの日、子どもたちを喜ばせる為に、ケーキを焼いた。
6人の子どもたちがそれを楽しみに待っている

制作年と共に
作者署名サイン

貧しい農家に新しい命が誕生した。家族でそれを祝福しているところ……。なんだかキリストの誕生とかぶるイメージ

著者が結婚するにあたり、その引き出物のウェディングマトを200個程、個人的に制作依頼しました。初めのサンプルはロシアの典型的な結婚式をイメージして作られ、次に日本人の顔にしてくれました。その後、着物を着せた方が良いのではということになって、作ってもらいましたが、何だかロマンチックに勘違いした無国籍な竜宮城の乙姫様とその夫、みたいなエキゾチカマトになってしまいました。

日本人顔の結婚ネバリャーシカペア

ロシア人顔の結婚ネバリャーシカペア

ロシア人のイメージする日本の結婚式。
男性は数珠とチャンチャンコでご隠居さんの様

制作中のエレーナ。
熱中しすぎて、しばし作品と一体化してしまう

衣装はロシアの結婚式。顔はヌマゲンさん。
その子どもたちもおかっぱ頭⁉

木型を特別註文した、細身のだるま型と、釣り鐘型のネバリャーシカ。6.5cmの中に表情豊かで細かい描彩。全ての底には足の裏が！

50cmの大型ボトルケース。ワインのボトルも入る。町から馬車でボジョレーヌーボーが届く頃、すでにこの辺り一帯雪景色

СЕРГЕЙ КРАСАВИН

ロシア正教御用達 イコン彫刻家

セルゲイ・クラサービン

地元、セルギエフ・ポサードがロシア正教最大の聖地であるゆえ、彼は仕事にこと欠かない。寺院の内装、彫刻、イースターエッグ等、常に神聖な仕事を任されている。しかしそれらは、お金を得る為の仕事ではない、今ここに生きていることへの感謝を捧げる仕事。だから、もう一方でパンを得る為に、マトリョーシカ作りの仕事も勢力的に行っている。この仕事が真剣勝負なのは、世の中の評価が結果としてはっきり表れるからだ。スランプの時でも、神様は受け入れてくれるが、手を抜けば、一般のお客は見向きもしなくなるのだ。

「俺はブッディストではないから気が進まないが、プロだからやる。」
と云って、引き受けてくれた、鎌倉大仏モチーフの彫刻マトリョーシカ

生神女アディギトゥリヤ

神の母パクロヴァ

イエス・キリスト

聖セラフィム

聖使徒ペトル

聖使徒パヴェル

奇跡の人ニコライ

聖セルギイ

45㎝。制作日数は、３週間。制作前に身を清め、２週間で彫刻、あとの１週間で彩色と蜜蝋の仕上げをする

ペン書きの
作者署名サイン

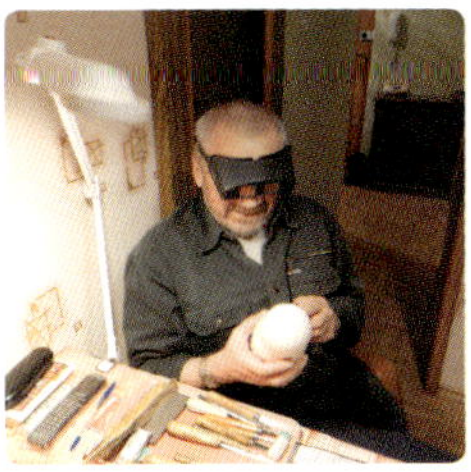

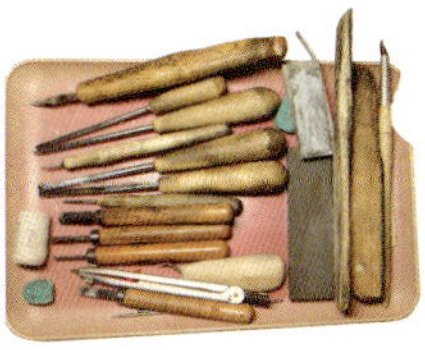

彫刻マトの七つ道具。
これで全て完成させる

知る限り、これほど腕のある彫刻マトリョーシカ作家はいない。

最近は、老眼が進んで特別な眼鏡で細かい仕事をする。「眼さえ健康なら後、20年は仕事する」と

至聖三者（三位一体の父と子と精霊）

生神女オランタ

聖殉教者トゥリフォン
聖福音伝道者マタイ
主の兄弟イヤコフ
コジマ
聖アレクサンドル大公
聖フェオファン
聖ヴァルナヴァ
聖総主教ニコン
聖総主教チーホン
聖マクシム

彼の真骨頂はイコンの彫刻。この他にもたくさん聖人はいて木地さえ調達できれば365人の聖人も描き分けられるという。これは20個組・

СЕРГЕЙ КОБЛОВ

ウッドバーニングのぬりえマトは子どもたちに大人気

セルゲイ・コブロフ

彼は、マトリョーシカ作りの優秀な職人画家であると共に、商才にも長けたアイデアマンでもある。彼の作り出すヒット商品として、「ぬりえマトリョーシカ」というものがある。子どもたちやビギナーの制作素材である白木に、ひとつ手を加え、焼きごてで線画を描き入れた。さらに、小さな絵の具と筆をパッケージして売り出したところ、教育現場やベルニサージュでのお土産品として、本当によく売れた。又、それに彼が色を付け完成させると美しいプロの作品となる。年に一度、日本の大手デパートでも、デモンストレーションを行う人気者。

顔写真のシールによる作者署名サイン

夫婦で分業もし、デモンストレーションにも2人で出かけていく

彫刻によるロシア民話「大きなカブ」マトリョーシカ。５個組

メルヘンマト

下４つのマトリョーシカもコブロフ作。まったくタッチの違う手法は、まるで別人の作と思う程。メルヘン志向の中高年女性に受けている。

白ウサギのぬいぐるみとオレンジ、最後の子は胸がキュンとした表情

テディベアとグレープフルーツ、小さい子はプラトークが大きすぎて何とも可愛い

それぞれ大好きなものを差し出している。小首をかしげて何かを問いかけている様。最後の子は笑顔を差し出して

お兄ちゃん、お姉ちゃんの大切なおもちゃは、いずれ最後の子にプレゼントされる

ぬりえマト作品

下7つは、ぬりえマトを自ら着色描彩したもの。ビギナーがぬりえすると単なる色分けしたものになるが、ウッドバーニングの線が入っていない箇所にもチェックやストライプ、つぎあて等、細かい服の柄の描彩がなされている

抱えきれない程のニワトリ、そしてたまご。シンプルな子孫繁栄マト

音楽家の男の子たち。髪型もお揃い

アップルガール！　赤いリンゴ、青いリンゴ、衣装もリンゴ色

日陰のお花の様な、私を見てと、見つけられるのを待っている隠花植物系少女

サーモンピンクと濃紺の色合わせは、ウエスタンガール風

プラトークの縁に、赤と青の水玉がチャームポイント。青や緑の濃淡が美しい

チェックが似合うカントリーガール。つぎあてまでチェック。てんとう虫はご愛嬌

ЛЮДМИЛА БУРМИСТРОВА

イズマイロボ公園のマト市場で日本人好みの一番人気

リュドミーラ・ブルミーストロワ

毎週ベルニサージュに出店。いつも午前中で売り切れてしまう程の人気作家。可愛いもの好きの日本人の趣味にあった丁寧な仕事が好評である。体型は丸みをおび、目鼻が離れていて小さく、こけし顔。色数は抑え気味で中間色を上手に組み合わせ、金色をほんの少しだけ部分的に使っている。サイズが小さいのに、その子らしい個性を描き入れていて、コレクションしたくなるマトリョーシカである。最近では、息子夫婦が新しいテーマにも挑戦している。例えば宇宙飛行士。ソビエト時代のロケットをマトリョーシカに再現して注目を集めている。

CCCP の文字の描かれた宇宙ものマトリョーシカ

ベルニサージュに立つ息子夫婦の
アナトーリとエカテリーナ。お母さんは家で制作中

白いプラトークが清らかで、初々しい少女たち。5個組・3.5cm

レースのハンカチを持ってお祈りする乙女たち。カチューシャやブラウスの柄も細かい。5個組・3cm

ロトチェンコ風の衣装を着け、ダンスを踊り出しそうなモード系乙女たち。5個組・4cm

彼らの手にかかるとボールペンもこの様に繊細な作品となる。モスクワの記念文字が入ったお土産品だが、スーベニイルとしては、高級品

全て 1.5cm ～ 2 cm のペンダントトップ。
キーホルダーにしてもよし、携帯ストラップにしてもよし

ТАТЬЯНА ЗАМАНОВА

タチアナ・ザマーノワ

作家たちの姐御的存在。フランス人コレクターに大人気

セルギエフ・ポサードの中では、重鎮的な存在。現在、ふたりの娘が愛弟子。同業作家たちからも信頼が厚く、彼女に売り先を紹介してもらう作家も少なくない。彼女も又、器用に様々なタッチに描き分けることができる。ウッドバーニングから、面相筆を使った細密描写マトまで依頼人のオーダーに心よく応えてくれる。フランス人にファンが多く、二〇一〇年のルーブル美術館の企画展では数多く出品し註文が殺到した。これは、まさに一九〇〇年のパリの万博でマトリョーシカが世界的に人気を博し、註文が殺到したことの再来かの様。

彼女のアトリエは、郊外のダーチャ。
ここが本当に集中して落ち着ける場所だと云う

娘２人も小さい頃から
お母さんについて修業し、
今や頼りになる彼女の跡継ぎ

左／お母さん。右／娘
作者署名サイン

セルギエフの歴史的マトを簡略化し、
彼女流にアレンジしたもの。
３個組だがとても細かい。11cm

目が情熱的なロシア版雪女に、あたたかそうな毛皮を着せて。

タッチをガラリと変えたネバリャーシカ

陽気で働き者の農家の娘たちを描いた５個組・16cm

СУВЕНИР

産地外系統⑧ スーベニイル系

1950年代頃、クリスマスモチーフのビンテージボトルケース

マトリョーシカの目的は、何か？　ものを作る人にとって、それはいつも考えられるべき「何の為に？」という疑問です。

はじめてのマトリョーシカが生まれた時、こんなものあったら面白いな、といった単純な理由で作られたのかも知れません。しかしせっかく作るなら、可愛らしいものを作って、皆を喜ばせてやろうと思って、本当に皆が欲しがる様な物になったのです。

十九世紀から二十世紀初頭迄、マトリョーシカは、高価な美術品でした。子どもたちにも与えられたかも知れませんが、それは、貴族の子どもでしょう。パリの万博で賞を獲り、たくさんの註文が来てからは、量産される美術品となりました。安価になって一般庶民の手にも入る様になり、その国その地方の可愛らしいお土産品となりました。とは云え、高価であれば美術品、安くて子どものおもちゃであればお土産品という分け方が正しいとは思いません。スーベニイルの目的は「思い出」です。ここで云う、スーベニイルという系統は、誰かを喜ばせよう、楽しませよう、ビックリさせよう、という工夫のされた、ちょっと変わりダネの、マトリョーシカたちなのです。百年ちょっとの歴史の中では、この「スーベニイル」というのが一番の大きなマトリョーシカの目的かもしれません。

ネズミ３種。洋服、持ち物すべて違います。耳付きのマトはひと手間かかっている

こちらも耳付き猫３種。皆、大好物の魚やネズミを持ってます。これから食事でしょうか？

珍しい形のネズミ３個組・3cm

帽子がおしゃれな猫３個組。胴体の赤ん坊猫は
おしゃぶりをくわえて

プードルのおしゃれ一家。
骨は健康、ハートは愛情を表している

子どもへの愛情が込められている猫マト。
足下で毛糸にじゃれている子猫は編み上がった手袋に抱かれて

森のクマさん。大好物のキノコを食べてうっとりしている

変わり種。てんとう虫マトリョーシカ

耳の立った２等身ウサギ。
２番目、３番目は子ウサギ

上と同じ木型を使ってカメを作ってみました

耳のとっがた３等身ウサギ。
イースターのスーベニイル

小鳥とたまごコレクション。産まれたては殻付きで

花輪をつけたカエルたち。
ひょっとして元お姫様？

たまごを抱えたニワトリ。
たまごから産まれたヒヨコたちも描かれてます

立体的ミミズク。形が凝っています

雪だるま化した、金魚を持ったペンギン５個組・３cm

お腹の子ペンギンがキュート！３個組・6cm

かなり省略された小さな５個組ペンギン。4cm

マンガチックな皇帝ペンギン。
蝶ネクタイとシルクハットがお約束。５個組・９cm

バットマンに出てくる悪役ペンギンの様。
３個組・11cm

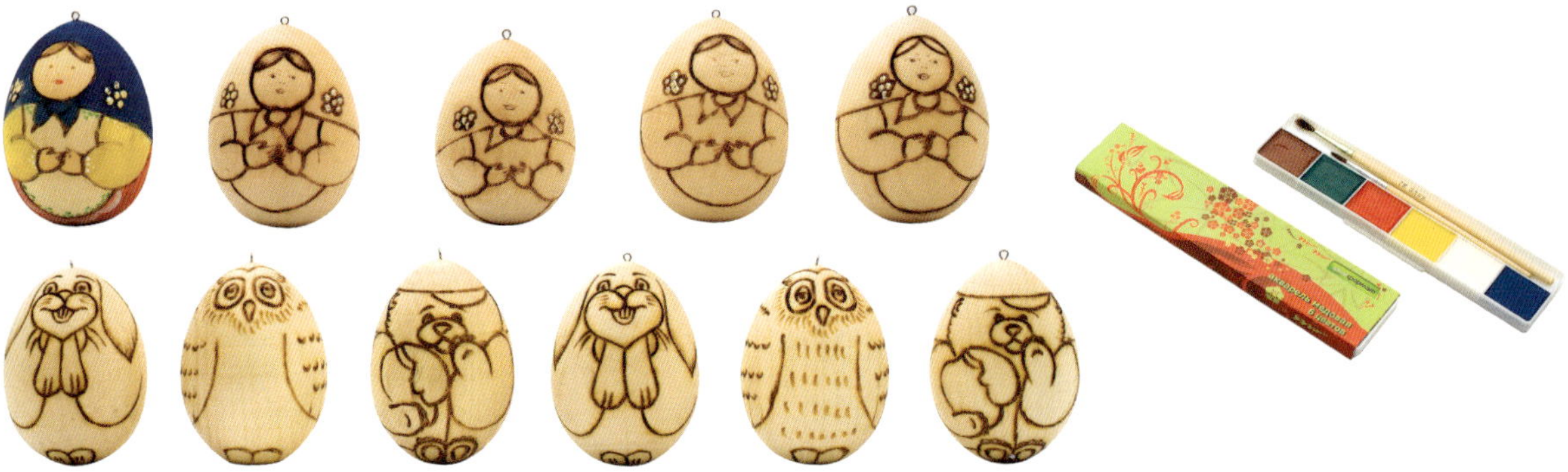

白木オーナメント。焼きごてのぬりえオーナメントと、絵の具が入ったセット

こちらもぬりえセット。線画は墨色ペンで描かれ、ぬりえができますが、このままでも美しいのです

一見セミョーノフのスタンダードマトですが、よく見ると、
日本を象徴するものが……。日本人の特別オーダー品

着物マトリョーシカ。手がないのはこけしチック。大和撫子少女

新郎新婦と、聖歌隊。最後は夫婦喧嘩しない様ハトのマークが

限定で作られたスウェーデンの「IKEA」オリジナル。世界の国の人マトリョーシカ

ロシアでマトリョーシカブームのきっかけを作った大統領マト。買う時期によって一番新しい首相がトップにきます。
プーチン、エリツィン、ゴルバチョフ、ブレジネフ、フルシチョフ、スターリン、レーニン……

アメリカ歴代大統領。似顔絵があまり似ていないので……
オバマ、ブッシュ、クリントン、ブッシュ、レーガン？

水兵と人魚のペアマスコット。
中を開けるとリングホルダーに

妖艶なマダムは、乙女座宮に住む星座の妖精とのこと。長い髪がご自慢。
４人目はちょっとお転婆

ロシア民話「カエルになったお姫様」の登場人物マトリョーシカ

ランプを持った森の精。２個組・5cm

Made in インドマトリョーシカ。木が堅くて重たい

兵隊マトリョーシカはイギリスではなく中国製

セミョーノフ系マトをユーモラス（偶然）にコピーした
中国製マトリョーシカ

KOKE-SHKA・スーベニイル

鎌倉にあるマトリョーシカ専門店「コケーシカ」のオリジナルマトリョーシカたち。こけしの描彩のマトリョーシカ「コケーシカ」、マトリョーシカの描彩のこけし「マトコケシ」等、新しい伝統工芸品として、様々なオリジナル商品が売られている。こけしとマトリョーシカが、ルーツを同じとすることから、日本とロシアの文化交流の場にもなっている。

「リトルブッダ」の
専用ボックス

「リトルブッダ・手ぬぐいハンカチ」

コケーシカオリジナル
タグ値札

「リトルブッダ・モノトーン」3個組
100% orange デザイン

「リトルブッダ・バルーン」5個組
100% orange デザイン

「オトメリョーシカ」開けたら可愛い赤ちゃんが。
乙女美学校特別記念品

「コケーシカ」5個組。マトリョーシカの形にこけしの描彩。
オリジナルボックス入り

「魔都良ッ子ボールペン」
胴にはビンテージの布が巻かれている

「日露友好交流こけし・マこちゃん」
マは、マトリョーシカのマ、
こは、こけしのこ

「マトコケシ」は、こけしの形にマトリョーシカの描彩。
中にはコケーシカ、マトリョーシカ、こけしが入って4個組

南部系、蔵王高湯系、遠刈田系、山形系、作並系、土湯系

左右共「メオトリョーシカ」右／詩人とその恋人、左／芸術家とその妻。
互いにメッセージを入れて交換すれば、愛の成就間違い無し

コケーシカのペンと
ペンケースのセット

「文通マトリョーシカ」
筒の中に手紙を入れて、そのまま送れます。
つまりこの郵便配達員マトリョーシカが、
あなたの手紙を自ら届けてくれるという訳です。
文通相手がポストを開けると、
この可愛らしさにびっくりするでしょうね

「郵便マトリョーシカ」
おかっぱ郵便局員。腕カバーが憎いッ

底面切手シール

中に手紙を入れて
頭に住所のタグを付けて

「コケーシカ」12 個組・45㎝。日本の伝統こけしの産地系統が全て揃っている。左から、鳴子系、弥治郎系、津軽系、肘折系、木地山系、

クリスマス・スーベニイル

ロシアでは、おじぃさんがプレゼントを持ってクリスマスにやってきますが それは、サンタクロースではなく「ジェットマロース」と呼ばれる、寒さのおじぃさんです。彼は、必ずと云っていい程、寒さの孫娘「スネグーラチカ」を連れてやってきます。クリスマスのマトリョーシカアイテムは、決まってこの２人と雪だるま、そして、来年の干支オーナメントです。

クラシカルな３人組。爺はちょっと思案顔

ウッドバーニングの品の良いクリスマスセット。
最後のふたつはプレゼントッ

しもやけで赤鼻のマロース爺。２個目以降は、だるまチック

マンガチックでどこか懐かしい、昭和 30 年代風のクリスマスセット

ふたごのマロース爺、ふたごの雪だるま、そして、ツリー

ツリーとオーナメントをかかえ、雪だるまの子分を連れて

妙に厚着をしたジェットマロース。
綿入れの帽子を耳まですっぽりかぶってあたたかそう

長いまつ毛がチャーミングなおじぃちゃん。コビトの様な可愛らしい５人組

マロースと美しい雪景色のオーナメント

三ツ子の入った子持ちマロース

クリスマスのオーナメントと云えば、薄いガラスのこの娘たちです。左は、電飾がつきます

ウッドバーニングの５人組。５㎝

ふたつに割れて
中に小さなプレゼントや
メッセージが入れられます

たまご型の雪娘

目が可愛い、
マロース＆スネグラのマスコットペア

焼きごてによる三角錐とたまごの
オーナメント

ジェットマロースチャームコレクション。各３㎝

タッチが墨絵っぽい、年代物のジェットマロース

ニトロエマーリ塗料による今風の５人組。開けても開けてもジェットマロース。なんて素敵なんでしょう！

様々なお話を心に描いた読み聞かせお母さんマト。
今日は何のお話にしましょう

ジプシーの様な「あかずきんちゃん」。ベラルーシ製物語マト

昔、ロシアの農家では、動物は家族の様に共存していました。
リスもネズミも害獣なのに

木地を生かした素朴な描彩の「大きなカブ」マトリョーシカ

人間も動物も可愛らしいルパシカを着ています。
皆、お腹に手をあてたポーズがラブリィ

民芸タッチの「大きなカブ」マトリョーシカです。最後のネズミが変わった形です

大きなカブの中に、登場人物が入っている。指人形にもなる

キノコ爺さんの中に
3匹の動物マスコットが入っている

キノコのチャームとキーホルダー

赤い屋根のお家に、動物たちが仲良く暮らしているセット

煙突屋根のお家には、おだんごパンの登場人物が入っている。こちらも指人形仕様

明るい表情の、帽子をかぶった
おだんごパンネバリャーシカ。
球型で音色が良い

おだんごパンセット。
直径 10㎝。中に入っている登場人物、各 2.5㎝

おだんごパンのけん玉。ロシアではおだんごパンモチーフが大人気

おだんごパンモチーフのコマ

7人のコビト。始めの5人は明らかにおじぃさん。一番下と、その次は赤ちゃんの様

茶と黄色にアレンジされたチェブマトリョーシカ。
開けても開けてもチェブラーシカ

耳を忠実に付け足した、チェブマトセット。
丸い手はかなりアバウト。空色リボンが可愛い

「白雪姫」マトリョーシカ。コビトが1人足りない？ と思ったら、白雪姫の横で甘えてた

ロシアの魔女「バーバヤーガ」。
手にはほうき、足下に黒猫、
中には魔法に使う道具が入っている

こちらはリアルな7等身「白雪姫」。スカートには子鹿も描かれ

三白眼のユーモラスなネズミキャラクター。中には、水兵のアヒル、
その中には耳の垂れた犬、その中にはネズミのガールフレンドが

「3匹の子ぶた」マト。オオカミはなんとロシア人？
可愛い黄色のルパシカを着ています

ВЕЩЬ

産地外系統⑨

マトリョーシカグッズ

マトリョーシカの観覧車
クリモフスクの特産品

「グッズ」とは、日本的な解釈の、楽しい雑貨たちのことを云います。かつて、雑貨といえば、荒物屋さん等で売られていた、たわしやバケツや、じょうろのことでした。しかしそれらに、可愛らしい色や絵柄や、キャラクターが付いた途端、「グッズ」と云われ、マトリョーシカの絵柄が付けば、たわしやバケツに用事のない人にも欲しくなる「マトリョーシカグッズ」となるのです。

マトリョーシカの形なら、何でも可愛いという訳ではありませんが、マトリョーシカという、丸みを帯びた奇妙な形にぴったりのグッズがあります。又、マトリョーシカの特徴として、入れ子という仕組みがあり、開けても開けても、同じものが入っているもの、同じではないけれど、それに関連した楽しいものが入っているもの、あるいは何も入っていなくて小物入れになるもの等々、皆楽しいサプライズプレゼントです。

マトリョーシカは、実用品ではありませんが、マトリョーシカグッズとなると、何かの役に立つマトリョーシカとなります。マトリョーシカのものなら、何でもいいという人もいるでしょうし、よくぞマトリョーシカの形にしてくれたというものもあるでしょう。

さて、これらが可愛いか否かの判断は皆さんにお任せするとしましょう。

ボゴロツカヤのクマのおもちゃ
おもりを振ると、クマがマトリョーシカに絵付けする

入れ子式の小物入れ、丸太ん棒型のマトリョーシカ？ おとぼけ動物たちが勢揃い

マトリョーシカマグネット

こちらは、ニス無しのちょっと上品タイプ

丸っこいオーナメント、大きなリボンでもみの木にぶら下げたら、どんなに可愛らしいでしょうね

オーナメントセット。
食べものやサモワール、みんなで食事の支度をしているものやプレゼントを抱えてクリスマスパーティ。ひとりだけバラライカ、他の人はボーカル担当、楽団等々
全てソビエト時代の壁紙を貼ったキュートな箱入り

ロシアではガラガラを
「ポグレムーシュカ」という

バブー！

色鉛筆　プラトークの色が、芯の色。
どの子にしようか迷っちゃう

ちょっと変わり種の
マトボールペン

轆轤ではなく、
小刀で削りだしたオーナメント。
マトリョーシカを抱いてます

鍵を忘れない様につるしておく
壁掛けフック

ペロペロキャンディーが入っている
ペコちゃんマトリョーシカ缶
©FUJIYA

グジェリでマトリョーシカを作るとこんな感じです。
左／ペンダントトップ3㎝。
右／マスコット5㎝

優しい雰囲気の陶器の
マトリョーシカ

ピンバッジマト。2㎝

ゼンマイを回せば、くるくるコサックダンスを踊り出す！
ソビエト時代のブリキのマトリョーシカ。

パンを持った板木の
マトオーナメント

お花畑にいる
マトリョーシカのコマ

マトリョーシカ型ベレスタ
顔がちょっとシリアス

黄金の秋のイメージ。乙女6人組オーナメント

憎めない顔の男の子マト。
ボールペンとキーホルダー

ホフロマ風マグネットとキーホルダー

素朴なふたり、
シンプルな色合わせ。
根付とキーホルダー

ホフロマ柄エプロン

銀紙に包まれた
チョコレット

おばぁちゃんの手作りミトン。余り布なのにこんなにキュート

ロマノーソフ陶磁器のカップ＆ソーサー。
細密描彩は全て手描き

トリョーシカ型ボトルのウォッカ。
黄色いボトルはハチミツ風味
赤いボトルはクランベリー風味

これもホフロマ柄エプロン

スターバックスの定番タンブラー
（モスクワ限定販売）

リネン×刺繍アイテム
左は、ティーコージー。右は、「雪娘」のペットボトル入れ

リネンのエプロン

マト柄のテーブルクロス。タペストリーとしても使えそう

ドーブルイ（親切）と云う名のりんごジュース。
10周年記念ボトル

エプロン奥様三点セット

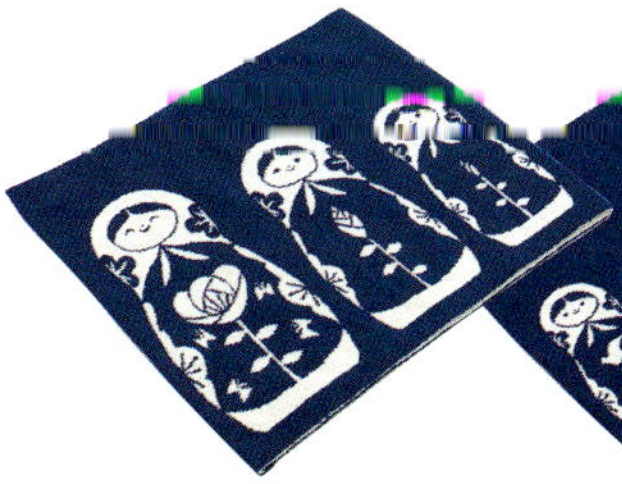

Hobonichi nonbilly haramaki
イラストは福田利之さん

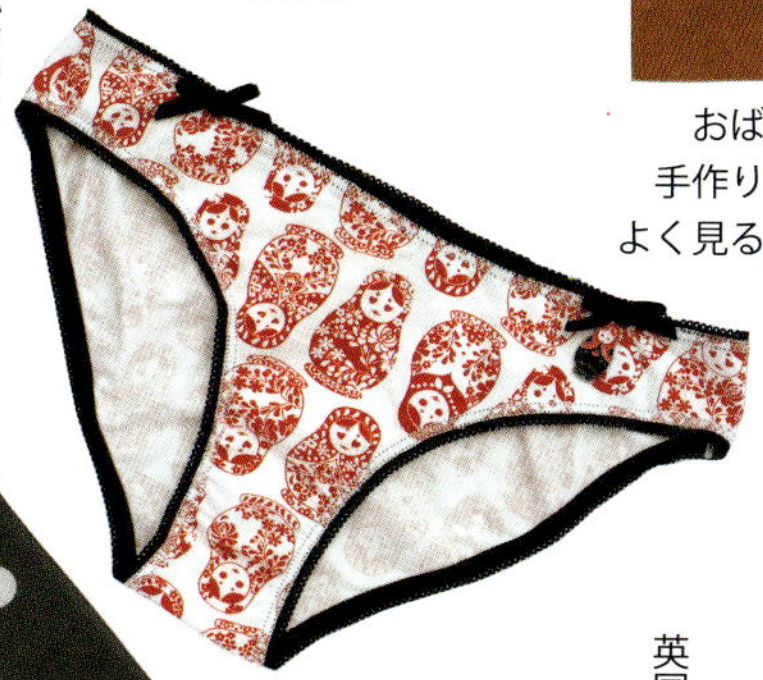

チャーム付きのマトパンティ

おばぁちゃんの
手作りトートバッグ
よく見ると目がハート型♥

イラストレーター杉浦さやかさんとコケーシカのコラボレーション手ぬぐい

英国の老舗デパートハロッズの携帯ショッピングバッグ

ロマノーソフの指ぬき。
細かいッ

姫だるまっぽい鍋敷き

開けると中は糸巻きです。
4㎝

仏国のエルメス社製
ネクタイとアスコットタイ。
忠実にセルギエフ型が描かれている。
1900 年のパリ万博から
フランスが世界で一等早く
マトリョーシカを評価した国

アエロフロート公認、
JIC マトリョーシカ工場見学
ロシアツアーの記念 T シャツ

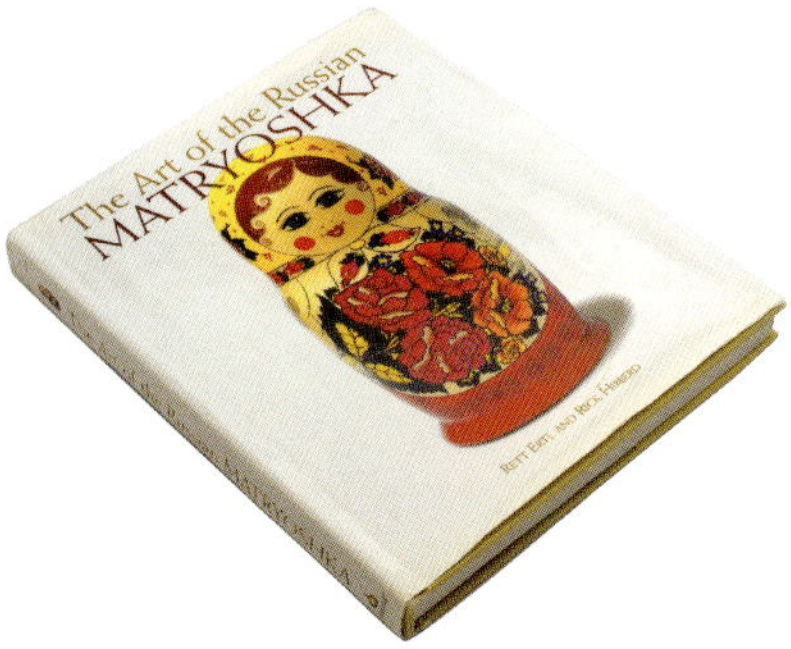

「The Art of the Russian MATRYOSHKA」
マトリョーシカ全般を網羅したバイブル的書籍。
2003年／アメリカ

「russian sourvenir MATRYOSHKA」
マトリョーシカ博物館を作った人が著者。
1997年／ロシア

「Хампельман&матрёшка」
ロシアとドイツの玩具展覧会図録。
ロシア国立歴史博物館 1999年／ロシア

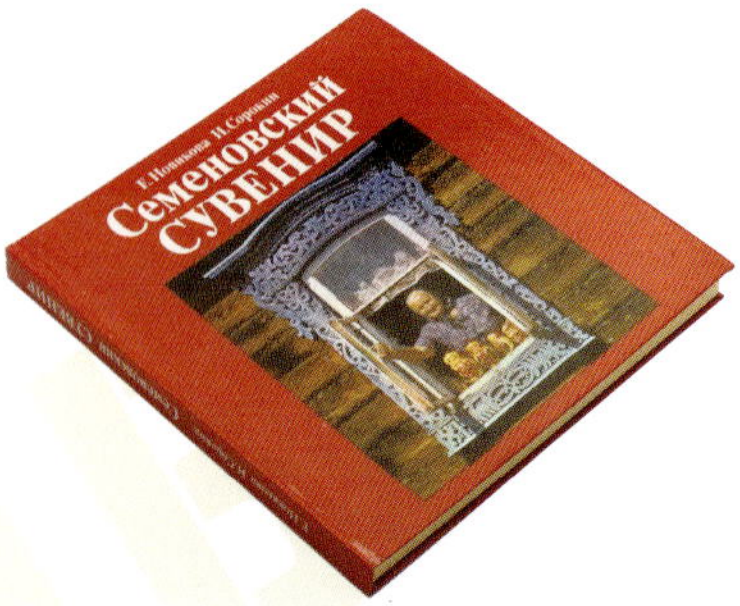

「Семеновский　СУВЕНИР」
セミョーノフ地方のマトリョーシカの
歴史が書かれた本。
1987 年／ロシア

「The Little Matryoshka」
一番小さなマトが行方不明。様々な冒険をして
戻ってくるという、心温まるお話。
1999 年／アメリカ

「MilK No10」
チビッ子モデルたちにマトリョーシカの
コスプレをさせているファッション特集号
2005・2006 年／フランス

「МАТРЁШКИНЫ　ПОТЕШКИ」
ポエムとイラストで構成されたしかけ絵本。
マトリョーシカの形に穴が開いている。
1986年／ロシア

「NATACHA　LA PETITE RUSSE」
世界の子どもたちの生活を、その国の
女の子を使って紹介するシリーズ。
ロシアはナターシャが担当。1966 年／フランス

「赤ちゃんをほしがったお人形」
原作はブルガリア人。マトリョーシカを子を産む人形として
こんなストーリーが生まれた。1994年／日本

「マトリョーシカちゃん」
原作はロシアの有名なお話。絵と訳を加古里子さんが手がけた。
右はその絵を上手に再現したマトリョーシカちゃんたち。
1984 年／日本

「COWBOY KATE AUTRES HISTOIRES」
写真家サム・ハスキンスの有名な作品集にも！
イメージカットにマトリョーシカが登場。1965年／アメリカ

「МАТРЁШКИ」
ソビエト時代からずっと版を重ねてきた。
マトを使って数や様々なことを教えている
幼年向き絵本。1989 年／ロシア

「ОТОДНОГОДОДЕСЯТИ」
子どもに数を教える為のポエム。あの有名なマルシャークの詩に
キュートなイラストをつけた絵本。1960 年／ロシア

マトリョーシカ切手
（民芸品の記念切手シリーズ）
ソビエト時代の 12 カペイカと 4 カペイカ

ロシアアニメ 「Машенькинконцерт」他にも、ソビエト時代にはたくさんのマトリョーシカの
アニメーションが作られた。そんな映画の紹介本を作りたいッ

左／メイデン系マトマッチ。右／セミョーノフ系マトマッチ

ロシアの民芸品が描かれている
お土産マッチのボックスセット

ロシアの牛乳パッケージ

棒アイスもマトリョーシカ。
ロシア人は大の
アイスクリーム好き

買い方・集め方・可愛がり方

マトリョーシカが好き。だけど、どうやって集めたらいいのか、どこで買ったらよいのかという質問を度々お受けします。

皆さんが、マトリョーシカという、特異まれなるものに興味があるというのならば、ある種世界中の可愛いものを見て、集めて、飽きて、そして、遂にここに到達したのではないでしょうか。さもなければ、直感と素敵なインスピレーションで、ものを見、チャーミングな心の目を持った、目利きさんではないでしょうか。ですから、マトリョーシカなら、何でもいい、可愛いものなら何でも欲しい、という方ではないハズです。

さて、「どこで入手したらよいか」。答えて曰く、産地に行ってご覧なさい、マトリョーシカが生まれる場所に行って、マトリョーシカの作り手である、マトリョーシカのお母さんから直接買うのが一番よい、と申し上げたいのです。もちろん、その為には五千キロの旅をしなくてはなりませんし、労力も時間もかかります。ですから、もし産地に行けないとしても、マトリョーシカの母国であるロシアに行って、その国の広さや寒さ、又その厳しさと優しさを感じて、手に入れていただくことをおス

スメします。しかし、それもままならないとしたら日本で、ロシア雑貨の店や、マトリョーシカ専門店で買うことになるでしょうが、インターネットや、通販といった、実物を見ないで買うことだけは、絶対におススメしません。実際にお店に行って自分と一緒にいてくれる、自分とピッタリくる伴侶は誰かをじっくり探して欲しいのです。たくさんのマトリョーシカの前で心静かに選んでいると、必ずやその中から、私を連れて帰ってという声が聞こえるでしょう。そうして、目と目が合って購入成立となるのです。次にあげるお店は、マトリョーシカを実際に見て、入手できる店舗です。あなたの素敵な伴侶が見つかります様に。

○ロシアンティ・・・・・・浅草橋　東京☎〇三（三八六三）三二二六
○マリンカ・・・・・・・目白　東京☎〇三（三五六五）三二〇五
○パルク・・・・・・・阿佐ヶ谷　東京☎〇三（六四七九）三六五八
○ヴェスナ・・・・・・・・・京都☎〇七五（四六三）三五六六
○いりえのほとり・・・・・・・神戸☎〇七八（二九一）〇〇三一
○木の香・・・・・・・・・・千葉☎〇四三（二四五）八四一一
○コケーシカ・・・・・・・・鎌倉☎〇四六七（二三）六九一七

コケーシカ鎌倉の店内

さて、次に**可愛がり方**ですが、可愛がる前に、うっかりいじめないでいただきたいのです。マトリョーシカは、寒い国の生まれですから、暑いのが嫌い。直射日光や、高温多湿の場所に長時間飾らないでください。生まれた時は、上下二つのピースが、ぴったりと合わさっているのですが、環境の違う場所に持っていくと、きつくなったり、開かなくなったり、逆にゆるくなったりすることがあります。又、開けっ放しにすると、上下が二度と合わなくなります。それから、ニスを塗っていないマトは、濡れた手で触ると、塗料が落ちることがありますので、お気をつけください。又お人形の中でもマトリョーシカは、中が空洞で、持ち主の気持ちを入れる人形ですから、皆さんの鏡の様な存在です。可愛がり方として、自分がして欲しいことをしてあげるというのもいいでしょう。例えば名前を付けてあげる、それからチャームポイントを探して、誉めてあげる。散歩や旅に連れて行ってあげる。写真を撮ってあげる等々です。しかし何より、マトリョーシカが一番喜ぶのは、家族として受け入れてあげること。ガラスケースに入れてしまっておくことより、小さい子ども、女の子がいる家なら尚更、その子の伴侶として一緒に遊ぶことが何より可愛がることになるのです。

左／マトリョーシカ博覧会の開催ポスター（コケーシカ鎌倉）

MATRYOSHKA EXPO2010
ОБМЕН МЕЖДУ ЯПОНИЕЙ И РОССИЕЙ
ВЫСТАВКА "КОРНИ МАТРЕШКИ"
АКАДЕМИЯ ПЕДАГОГИЧЕСКИХ НАУК СССР
ХУДОЖЕСТВЕННО-ПЕДАГОГИЧЕСКИЙ
МУЗЕЙ ИГРУШКИ
MATRYOSHKA KOKESHI
コケーシカ
ВЫСТАВКА-ПРОДАЖА КОКЭСИ И МАТРЕШЕК
МАГАЗИН, ГДЕ ПРОДАЮТСЯ МЕЧТЫ
КОКЭШКА
При содействии Художественно-педагогического музея игрушки г. Сергиева Посада ©2010 KOKE-SHKA kamakura

matryoshka

ÁБУШКА ［バーブシュカ］ 女《愛称形》
❶祖母❷老婆❸おばぁちゃん〈老人女性一般への呼びかけ〉

マトリョーシカのモデルはおばぁちゃん

МАТРЁШКА = БАБУШКА

いつから世の女性たちは、若くてやせている方が美しいということになったのでしょう。価値観のグローバル化というべきものなのでしょうか。ロシアに行くと、年配の女性、特にお母さんやおばぁちゃんがふくよかで、美しく魅力的であることを強く感じます。同じ様にマトリョーシカのフォルムも、この様な体型なのは、ロシア美人が、健康で、おおらかで、母性あふれる体型だから、この様な形にしたのではないかと思うのです。

実際に街角で出会ったおばぁちゃんたちも、マトリョーシカの様にプラトークをつけ、マトリョーシカの如き、様々な花柄文様の服を着ています。そうして、花柄に花柄、チェックに水玉、ストライプと、柄オン柄の高度なコーディネイトのおしゃれさんばかりでした。本来女性の美しさは、ダイエットしてファッションモデルの様な体型になることでも、若さをアピールして流行の服を着ることでもないでしょう。特に寒い国では、ふくよかで暖かく、健康な女性が美しく、母性があればもっと美しいのです。ですから、ロシアのおばぁちゃんたちこそ、マトリョーシカのスーパーモデルなのです。

Model of

さァ！ おばぁちゃんの登場だ

おばぁちゃんがやって来た
おばぁちゃんがやって来た

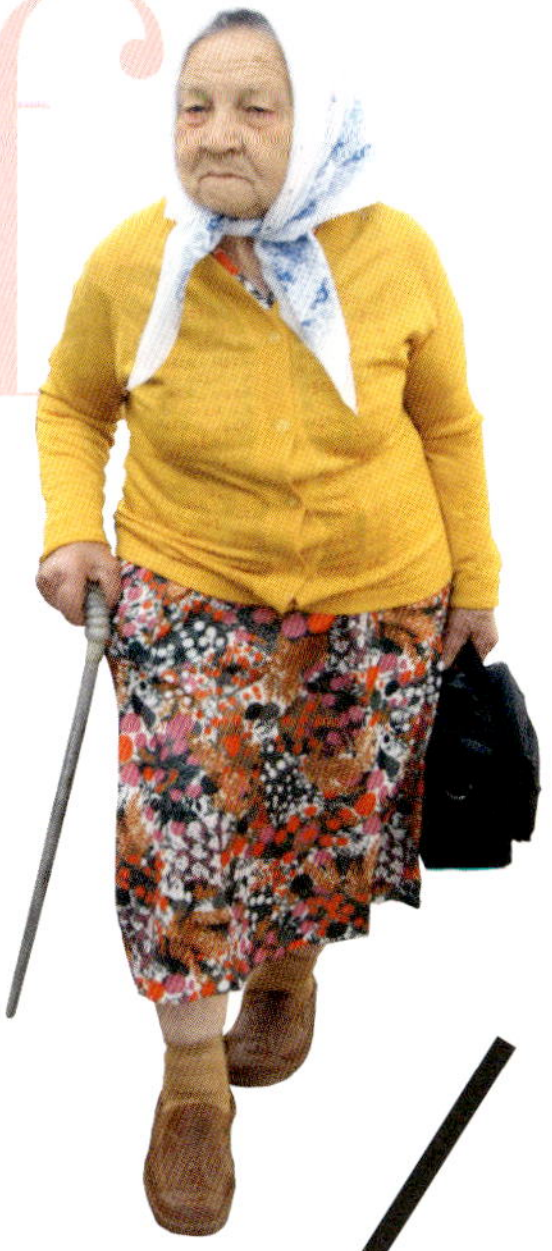

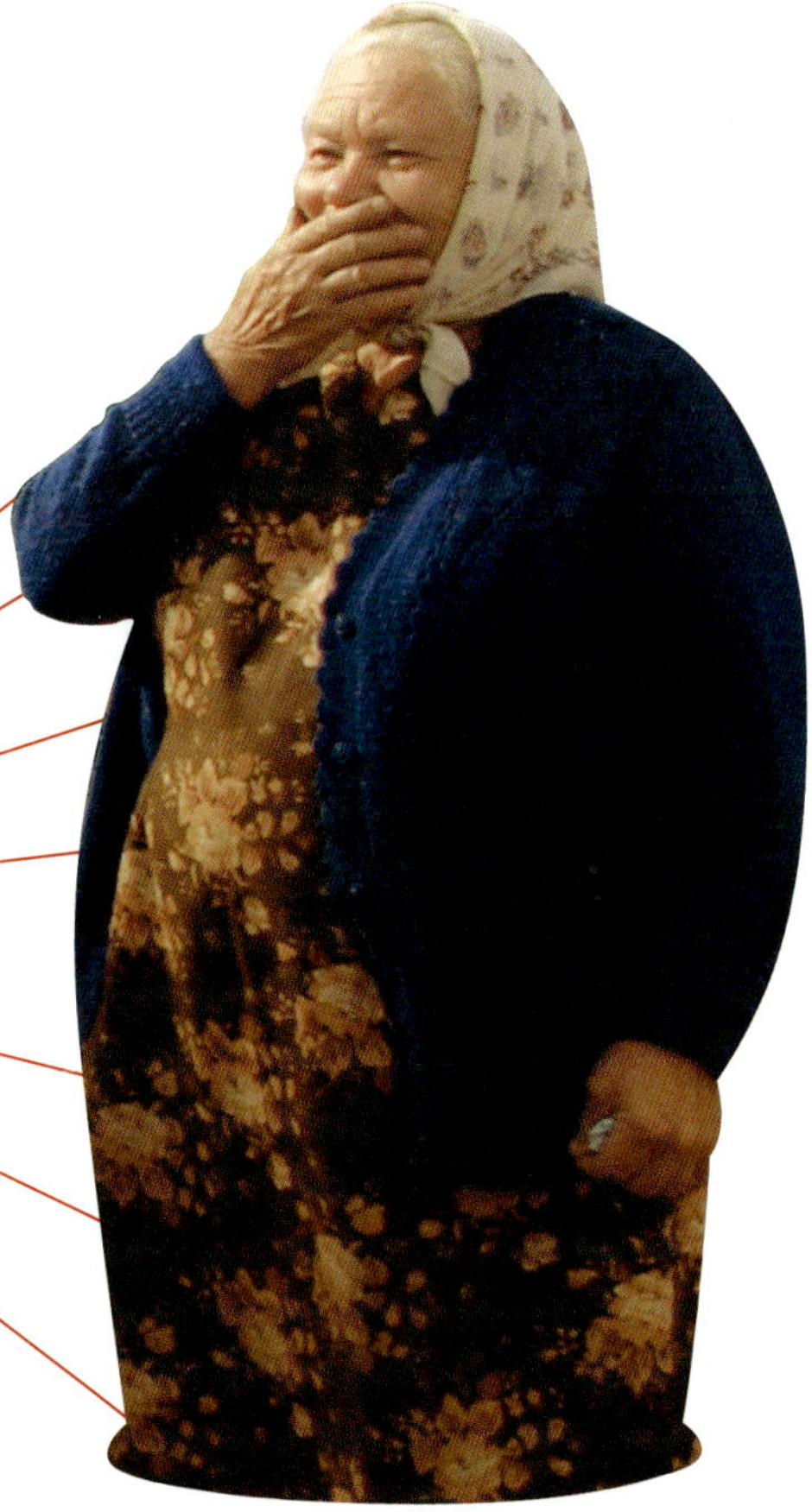

БА́БУШКА

МАТРЁШКА

おばぁちゃん
おばぁちゃん
おばぁちゃん

БА́БУШКА
БА́БУШКА
БА́БУШКА

おばぁちゃんがやって来た
やさしさと威厳をもって
おばぁちゃんがやって来た
ちょっと腰を振りながら
満員バスの様に
おばぁちゃんがやって来た
たわわに実った果実の様に
歩いてやって来た

БА́БУШКА

МАТРЁШКА

バーブシュカ

バーブシュカ

バーブシュカ

おばぁちゃんがやって来た
かっこいいおばぁちゃん
可愛らしいおばぁちゃん
少女はおばぁちゃんがだぁい好き
おばぁちゃんは少女の憧れだ
でも…
おばぁちゃんも昔
小さな女の子だったなんて！
本当かしら？

って来た

って来た

って来た

А

ЧКА

БÁБУШКА

БÁБУШКА

БÁБУШКА

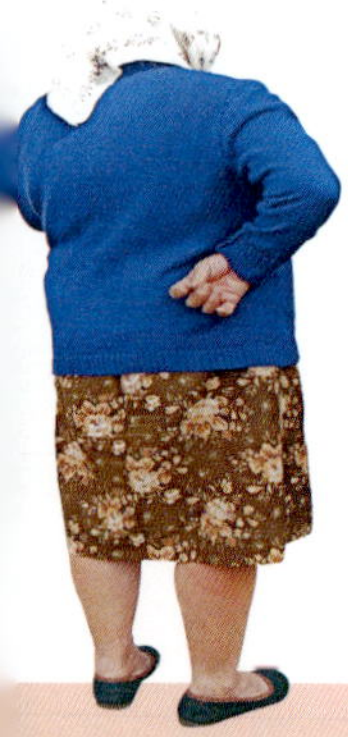

おばぁちゃんはやさしい
おばぁちゃんはまあるい
おばぁちゃんはほっこり
おばぁちゃんはやわらか
おばぁちゃんはどっしり
おばぁちゃんはマトリョーシカみたい
少女がマトリョーシカを好きなのは
おばぁちゃんに似ているから
でも…
あたしも、いつか
おばぁちゃんになるって
本当かしら？

あとがき

いかがでしたでしょうか？　日本の目利きさんたちの「カワイイ！」という審美眼によって、日本は、世界一のマトリョーシカ輸入国となりました。そのおかげでロシアでも、伝統的なマトリョーシカが次々と復刻され、作られる様になりました。

日本での人気の理由には、歴史的なこけし文化の逆輸入ということもあったでしょうが、そればかりではありません。日本からロシアに発注された、オリジナルデザインのマトリョーシカが、数多く作られる様になったからなのです。

一つだけ、自慢させてもらえるなら、日本で最初にオリジナルのマトリョーシカを発注し、その販路を築いたのは、私でした。

一九九〇年代マトリョーシカの存在は、ソ連の古くさい木の人形としてしか認識されていませんでした。実際マトリョーシカがロシアのどこで作られているのか、工場なのか、工房なのか、会社なのか、個人なのか、その頃誰も知りませんでしたし、興味を持つ人はいませんでした。当時私は、オリジナルのマトリョーシカを作りたいというより、あの不思議な木の人形が生まれる瞬間を、見てみたいと思っていました。工場の所在はロ

１年がかりで完成した初めてのオリジナルマトリョーシカ。
minä perhonen 皆川明氏デザイン、喫茶マトリョーシカ（「カフェバイブル」特装本付録 2002 年）

シアに問合せをしてもわかりませんでしたし、当時インターネットも、まだ世界の情報を提供していませんでした。

そこで、日本とロシアの貿易をしている会社、特に木材を扱っている会社に片っ端から電話して、Tという貿易会社に行き当たりました。そこは、日本とロシアの貿易のみならず、ロシア旅行の斡旋もやっていましたので、マトリョーシカ工場見学の、個人ツアーの依頼をしました。するとロシアでマトリョーシカを作る最大の工場は、意外にも簡単に見つかりました。しかし、T貿易の担当者は、そこが、どれ程遠く、どれ程交通の便が悪く、日本人も未踏で、村にはホテルもタクシーも、レストランも無い、通訳ガイドは現地調達、何より、莫大なお金がかかるが、それでも行きますか？　と云われました。そして、マトリョーシカ産地への旅がどれ程無謀で、工場見学がどれ程馬鹿げたツアーであるかを説明してくれました。（ところがその担当者は、後に独立してマトリョーシカのネット販売会社の社長さんになってしまいました）とはいえ、当時の私も、マトリョーシカブームではありませんでした。毎日喫茶店に通い、三食珈琲を飲み、東京中の喫茶店を網羅したガイドブックを作る仕事に夢中になっていたのです。そこで考えたのは、その本

2008年8月8日〜9月7日まで東京国際フォーラム
「新しい伝統コケーシカ展覧会」

東京国際フォーラムギャラリー会場風景

の、特別装丁本の限定付録として、カフェをテーマにしたマトリョーシカが作れないだろうか、ということでした。そんな思い付きから、とうとうロシアまで出発することになったのです。そうして、ロシアの工場へオリジナルのマトリョーシカを直接オーダーするという、日本で最初の販路が築かれたのです。

又、もっと日本でマトリョーシカの魅力を広められないか、もし、ルーツが日本であるならば、同じ、木で作られたこけしとコラボレーションができないかと思い発った私は、今迄誰も考えてみなかった、こけしのマトリョーシカ「コケーシカ」を考案、商標登録してロシアの工場に発注しました。その後、伝統こけしの工人さんたちに声を掛け、マトリョーシカにこけしの描彩をした「新しい伝統コケーシカ展覧会」を、二〇〇八年東京国際フォーラムにて行いました。参加した工人さんは五〇人にも及びました。又、このアイディアをロシアのニジニノヴゴロド州と姉妹都市で、日本最大のこけしの産地宮城県に提案したところ、鳴子町及び大崎市長からも企画協力の要請を受け、後に、鳴子こけしのマトリョーシカが生まれる事にもなりました。

何が云いたかったかといえば、一人の突拍子もない思いつきは、ほんのチョッピリ歴史を変えることもあるかも知れないと

著者ロシアにて近影

鳴子系伝統こけしの「コケーシカ」

いうこと。十九世紀末、一番初めにマトリョーシカを作ろうと思った人も、周囲に反対されたでしょうか？　そんなおかしなもの誰が喜ぶんだろう、確かに面白いかもしれないが、そんな手間のかかることを、やるべきではないと云われたかもしれません。初めてマトリョーシカを作った人も、それを支援した貴族も、それでお金儲け等はできなかったでしょう。マトリョーシカという不思議なお人形を作って、満足して……、小さな幸せを感じたのではないでしょうか。そうして同じ様に、面白いことを考える人が自分の他にもいて、伝え広がっていくことは、なんて素敵なことだろうと思ったに違いありません。

さて今度は、皆さんが、マトリョーシカの可愛らしさや魅力を伝える番です。もし、家族がある人なら、子どもたちに、その子が大きくなったら、又、その子どもたちにと。この、奇妙で、単純で、頑丈な玩具は、よっぽどのことがない限り、壊れません。最後のひとつが行方不明になったり手垢で真っ黒になったり、絵の具がはげ落ちたりすることはあるものの、お母さんもおばあちゃんも遊んだお人形を未来に伝えるのは、皆さんがマトリョーシカの歴史を作ることになるのです。それは、どんなに素敵なことでしょう。

The book of matryoshka

マトリョーシカ大図鑑

著　者（カメラとペン）　沼田元氣
発行日　二〇一〇年一〇月二七日　初版発行
　　　　二〇一〇年十二月二四日　再版発行

発行所　株式会社　二見書房
　　　　東京都千代田区三崎町二―一八―一一
　　　　電話　03（3515）2311　営業
　　　　　　　03（3515）2313　編集
　　　　振替　00170-4-2639
　　　　www://futami.co.jp/

装　丁　森　あや
物撮写真　川島小鳥
取材管理　勝又朱美
印刷・製本　図書印刷
編　集　跡辺恵理子（二見書房）

落丁・乱丁本はお取り替えいたします。
定価は、カバーに表示してあります。

ISBN 978-4-576-10126-2

genquinumata

協力 in Japan　順不同敬称略

いりえのほとり（牛塚いづみ）
Vesna!（辰巳七桜子）
木の香（加藤雄三）
パルク（渡辺裕美）
ロシアンティ（岩橋和治）
飯田千澄／村井理子／宮下久美子
株式会社 不二家
暮しの手帖社
ロシア文化フェスティバル組織委員会（長塚英雄）
JIC国際親善交流センター（伏田昌義／杉浦信也）
ユーラシア投資環境整備株式会社（白井健一）
ロシア連邦大使館
ロシア連邦外務省国際文化センター
アエロフロート・ロシア航空

СОТРУДНИЧЕСТВО／СЛОВА БЛАГОДАРНОСТИ in Russia

Дмитрий Ткаченко
Наталия Горячева
Андрей Жудро
Наталья Смирнова

Государственный исторический музей
Александр Шкурко／Тамара Игумнова

Музей матрешки
Велена Островская

Художественно-педагогический музей игрушки
Александр Греков

Сергиев-Посадский историко-художественный музей-заповедник
Светлана Николаева／Светлана Горожанина

Художественные изделия и игрушки
Ирина Бокова

Сергиевская игрушка
Светлана Панкова

Торговый дом "Семеновская роспись"
Олег Коротков

Хохломская роспись
Николай Коротков

Сувенир
Александр Онучин

Вятский сувенир
Галина Жукова

Брестская фабрика сувениров "Славянка"
Николай Линник／Юлиан Розвадовский

Написание этой книги было бы невозможным без сотрудничества с Дмитрием Ткаченко. Его искренний интерес к культуре Японии и ее представительнице кокэси - и вместе с тем любовь к культуре своей Родины и желание познакомить мир с ее представительницей матрешкой - открыли мне, не имеющему достаточных знаний и опыта, путь к созданию этой книги. Благодаря Дмитрию родилась дружба, для которой не существует границ между нашими странами - дружба матрешки и кокэси. От всего сердца хотелось бы пожелать, чтобы это издание способствовало дальнейшему углублению взаимопонимания и укреплению дружбы между Японией и Россией на пути в будущее.

matryoshka

num ata